Kirsten Sar wurde in München geboren, verbrachte aber ihre ersten Lebensjahre bis zum Schulbeginn in Pakistan. Nach ihrem Abitur studierte sie Sprachen (Dolmetscherin und Übersetzerin). Dann schlug sie die journalistische Laufbahn ein. Nach ihrem Volontariat schrieb sie sowohl für Tageszeitungen und Zeitschriften als auch Sketch-Drehbücher, Beiträge, Dossiers und Moderationen für Hörfunk und Fernsehen. Seit 1996 arbeitet sie redaktionell beim BR Fernsehen.

Heute lebt Kirsten Sar am Ammersee in Oberbayern.

Kirsten Sar

Verdammt glücklich!
27 Inspirationen, die dein Leben verändern

Impressum

Bibliografische Information der Deutschen Nationalbibliothek: Die Deutsche Nationalbibliothek verzeichnet diese
Publikation in der Deutschen Nationalbibliografie.
Detaillierte bibliografische Daten sind im Internet über
http://dnb.dnb.de abrufbar.

© 2025 Copyright by Kirsten Sar
Webseite: kirstensar.com

Verlag: BoD · Books on Demand GmbH,
In de Tarpen 42, 22848 Norderstedt, bod@bod.de
Druck: Libri Plureos GmbH, Friedensallee 273,
22763 Hamburg

ISBN: 978-3-7693-0578-4

Inhalt

emotionales Wohlbefinden

Zufriedenheit

Vorwort

Als ich dieses Buch zu schreiben begann, wusste ich, dass es mehr als nur eine Sammlung von Tricks und Tipps werden sollte. Es ist das Ergebnis eines langen, manchmal schmerzhaften, aber letztlich befreienden Weges, den ich vor einigen Jahren gegangen bin. Nach einer gescheiterten Ehe und der darauf folgenden Scheidung sah ich mich mit der Herausforderung konfrontiert, alleinerziehend zu sein – eine Zeit, die von Unsicherheit, Existenzängsten und Sorgen geprägt war.

Ich kämpfte gegen Burnout, Schlaflosigkeit und Panikattacken. Ein Krankenhausaufenthalt war schließlich der Wendepunkt, an dem ich begriff, dass ich etwas ändern musste. Es war der Moment, in dem ich mir sagte: „So kann es nicht weitergehen."

Mit Mut und Entschlossenheit begann ich, mich intensiv damit zu beschäftigen, wie ich mein Leben wieder in den Griff bekommen und glücklich und zufrieden werden könnte. Ich erkundete verschiedene Ansätze, las Bücher und Biografien, recherchierte Studien aus der Psychologie und Traumatherapie, sprach mit Menschen, die ähnliche Erfahrungen gemacht hatten und entwickelte eigene Strategien, um aus diesem scheinbar hoffnungslosen Tief herauszukommen.

Heute kann ich sagen, dass ich all diese Hürden und Herausforderungen hinter mir gelassen habe. Ich habe gelernt, dass es zahlreiche Möglichkeiten gibt, sein Leben zu verändern und in eine neue positive Richtung zu lenken. Und ich habe erkannt, dass es gar nicht schwierig ist, sein Leben so zu gestalten, dass *jeder* sein Glück finden kann. Die 27 Inspirationen, die ich in diesem Buch teile, sind die Schätze, die ich auf meiner Reise entdeckt habe. Sie sind einfach umzusetzen und können dennoch *den* großen Unterschied machen.

Lass uns gemeinsam entdecken, wie kleine Veränderungen ein glücklicheres Leben möglich machen. Möge dieses Buch dir Inspiration, Motivation und Mut geben, dein eigenes Glück zu finden.

In diesem Sinne, viel Freude beim Lesen!

Kirsten Sar

Verdammt glücklich!

Einleitung

Ein inspirierendes Beispiel für Durchhaltevermögen und die erfolgreiche Suche nach dem Glück ist Chris Gardner. Nach der Trennung von seiner Frau steht er mit seinem fünfjährigen Sohn Christopher vor dem Nichts. Er ist Handelsvertreter für medizinische Geräte, hat kein geregeltes Einkommen und gerät schließlich in Obdachlosigkeit.

Doch Chris hat einen Traum: Er möchte Börsenmakler werden und bewirbt sich für ein unbezahltes Praktikum bei einer angesehenen Investmentfirma. Nur einem Praktikanten wird im Anschluss eine Festanstellung versprochen. Chris ist sich der enormen Herausforderung bewusst, aber sein unerschütterlicher Wille treibt ihn an.

Während der unbezahlten Ausbildung muss Chris zahlreiche Rückschläge hinnehmen. Er verliert seine gesamten Ersparnisse und lebt mit seinem Sohn in Notunterkünften. Dennoch bleibt er fokussiert und motiviert. Er beeindruckt die Führungskräfte der Firma mit seinem Engagement und seinen Fähigkeiten.

Sein Durchhaltevermögen zahlt sich schließlich aus: Chris setzt sich gegen alle Konkurrenten durch und erhält den begehrten Job als Börsenmakler. Für ihn ist Glück nicht nur der finanzielle Erfolg, sondern die Gewissheit, seinem Sohn ein besseres Leben zu ermöglichen.

In seinem autobiografischen Buch „*The Pursuit of Happyness*" und im darauf basierenden Film „*Das Streben nach*

Glück" erzählt Chris von seinen Erfahrungen und der Kraft des menschlichen Willens. Seine Geschichte inspiriert viele Menschen, an ihren Träumen festzuhalten und niemals aufzugeben. Er betont, dass jeder die Macht hat, Entscheidungen zu treffen, die das eigene Leben verändern können.

Aber was ist Glück?

Haben wir uns nicht alle mal diese Frage gestellt? Und haben wir nicht die unterschiedlichsten Antworten gegeben oder bekommen?

„Glück bedeutet für mich eine liebevolle Beziehung", meint die eine.

„Für mich ist finanzielle Unabhängigkeit Glück", sagt der andere.

„Glück ist für mich Freiheit", erklärt der dritte.

Und wenn wir im Duden nachschlagen, dann ist Glück „eine angenehme und freudige Gemütsverfassung, ein Zustand innerer Befriedigung und Hochstimmung". Angenehme und freudige Gemütsverfassung? Ein Zustand innerer Befriedigung und Hochstimmung? Ist das so?

In der Philosophie ist Glück das oberste Ziel und der wertvollste Zustand im menschlichen Leben.

Lass es uns einfach herausfinden, indem wir uns eine Frage stellen und diese Frage weiterhin hinterfragen. Beispiel:

Frage: Was bedeutet Glück für dich?
Antwort: Für mich bedeutet Glück, reich zu sein.
Frage: Warum?

Antwort: Weil ich mir dann kaufen kann, was ich will?

Frage: Warum willst du dir kaufen, was du willst?

Antwort: Damit ich mir alle meine Wünsche erfüllen kann.

Frage: Warum willst du dir alle deine Wünsche erfüllen?

Antwort: Weil ich dann alles habe, was mir lieb und teuer ist.

Frage: Warum willst du alles haben, was dir lieb und teuer ist?

Antwort: Weil es mich glücklich macht.

Und hier haben wir nun die eigentliche Antwort: „Weil es mich glücklich macht".

Das bedeutet, dass man reich sein möchte, weil man dann das Gefühl hat, glücklich zu sein, wenn man alle Dinge kaufen kann, die man will.

Es sei dahingestellt, ob Geld tatsächlich glücklich macht. Wirklich interessant ist jedoch die Überzeugung eines jeden Einzelnen von uns, dass das Streben nach Reichtum, Liebe, Freiheit und so weiter das Ende der Fahnenstange ist. Nein, das ist es nicht! Das Resultat – nämlich das dadurch erreichte Glücksgefühl – ist das, wonach wir eigentlich streben. Nur hinterfragen das die wenigsten.

Glück ist kein Zufall, sondern eine Entscheidung

Kapitel 1

Entscheidungen treffen – Der erste Schritt zur Veränderung

Wenn wir verstehen, was wirkliches Glück ausmacht, eröffnen sich uns ganz neue Aspekte. Denn häufig suchen wir Glück an den falschen Orten – in materiellem Besitz, äußerem Erfolg oder in der Anerkennung anderer. Doch das Glück ist viel tiefer in uns verwurzelt.

Sobald wir dies erkannt haben, stehen wir vor einer entscheidenden Frage: Was folgt daraus für unser Handeln? Denn das Wissen um das wirkliche Glück allein reicht nicht aus. Wir müssen auch bereit sein, Entscheidungen zu treffen, um Veränderungen in unserem Leben vorzunehmen. Darum ist der erste Weg, der ebenfalls zu mehr Glück und Zufriedenheit in deinem Leben führen kann: das Treffen von Bauchentscheidungen.

Eine 2024 veröffentlichte Studie von Carina Remmers und ihrem Forschungsteam an der *Health and Medical University Potsdam* hat gezeigt, dass intuitive Entscheidungen tatsächlich einen positiven Effekt auf unsere Stimmung und unser Wohlbefinden haben können. Die Wissenschaftler gehen davon aus, dass dies vor allem daran liegt, dass wir bei spontanen Bauchentscheidungen auf einen komplexen Prozess der Informationsverarbeitung zurückgreifen, der unsere gesammelten Erlebnisse und Erfahrungen miteinbezieht. Im Vergleich zu rein rationalen Entscheidungen, bei denen wir alle Fakten abwägen, fühlen wir uns bei intuitiven Entscheidungen oftmals freier und leichter.

Versuche daher, öfter auf dein Bauchgefühl zu hören, wenn du vor einer wichtigen Entscheidung stehst. Atme tief durch, schließe kurz die Augen und lass deine Intuition und dein Gefühl sprechen. Oft wissen wir tief in uns drin, was das Richtige für uns ist – wir müssen es nur zulassen und darauf vertrauen. Mit der Zeit wirst du feststellen, wie leicht und befreit du dich fühlst, wenn du einer intuitiven Eingebung folgst, anstatt endlos alle Optionen gegeneinander auszuloten.

Natürlich ist es nicht immer einfach, sich auf sein Bauchgefühl zu verlassen, vor allem wenn man eher zu den analytischen und vorsichtigen Menschen gehört.

Hier sind ein paar zusätzliche Tipps, die dir dabei helfen können, deine Intuition zu stärken:

Meditation und Achtsamkeit:
Regelmäßige Achtsamkeitsübungen und Meditationen können deine Fähigkeit, auf dein Inneres zu hören, erheblich verbessern. Versuche, dir täglich einige Minuten zum Meditieren zu nehmen – am besten immer zur gleichen Zeit, um es zu einer Routine werden zu lassen. Dabei solltest du ganz bei dir selbst sein und ohne Urteil wahrnehmen, was in dir vorgeht.

Weniger Multitasking:
Oft lenken wir uns selbst durch ständiges Multitasking von unserem Bauchgefühl ab. Versuche stattdessen, dich darauf

zu konzentrieren, eine Sache nach der anderen zu erledigen. Nimm dir die Zeit, eine Entscheidung in aller Ruhe zu treffen, anstatt ständig zwischen verschiedenen Aufgaben hin- und herzuspringen.

Vertraue deinen Erfahrungen:
Deine Intuition speist sich aus all deinen gesammelten Lebenserfahrungen. Je mehr du darauf vertraust und deine Entscheidungen darauf aufbaust, desto sicherer wirst du mit deinen Bauchentscheidungen.

Entwickle Rituale:
Schaffe Rituale, die dich dabei unterstützen, regelmäßig in dich zu gehen. Das kann beispielsweise eine Morgenroutine sein, bei der du dir Zeit zum Meditieren nimmst oder bei der du dich einfach mit einer Tasse Tee zehn Minuten an einen gemütlichen Platz setzt und diese genießt. Oder du schaffst dir ein Abendritual, bei dem du den Tag Revue passieren lässt.

Lass los:
Manchmal stehen wir uns selbst im Weg, wenn wir zu sehr an Perfektion und Kontrolle festhalten. Versuche stattdessen, Dinge loszulassen und einfach darauf zu vertrauen, dass alles gut wird – auch wenn du nicht jede Eventualität in Betracht gezogen hast.

Mit der richtigen Einstellung und etwas Übung wirst du merken, wie deine Intuition immer stärker wird. Lass dich also nicht entmutigen, wenn es zu Beginn noch nicht ganz leichtfällt. Dein Bauchgefühl wird dir mit der Zeit ein immer zuverlässigerer Wegweiser sein.

Typische Hindernisse, auf sein Bauchgefühl zu hören

Es gibt einige typische Hindernisse, die Menschen daran hindern, auf ihr Bauchgefühl zu hören. Häufig sind es Dinge, die tief in uns verwurzelt sind und uns davon abhalten, intuitiv zu entscheiden.

Zum einen kann es an deiner Persönlichkeit liegen. Vielleicht bist du eher der analytische Typ, der alles rational und sachlich durchdenken und abwägen möchte, bevor er eine Entscheidung trifft. Dann fällt es dir natürlich schwer, auf dein Bauchgefühl zu vertrauen.

Auch deine Erfahrungen aus der Vergangenheit können eine bedeutende Rolle spielen. Wenn du in der Vergangenheit schlechte Erfahrungen damit gemacht hast, auf dein Bauchgefühl zu hören, wirst du in Zukunft vermutlich sehr vorsichtig sein. Dann fällt es dir schwer, dich auf deine Intuition zu verlassen.

Darüber hinaus können Ängste und Zweifel ein Hindernis sein. Vielleicht hast du Angst, Fehler zu machen oder von anderen kritisiert zu werden, wenn du intuitiv entscheidest. Oder du zweifelst an deinem eigenen Urteilsvermögen und traust deinem Bauchgefühl nicht.

Nicht zuletzt kann auch der äußere Druck, den du empfindest, deine Fähigkeit beeinflussen, auf deine Intuition zu hören. Wenn du ständig von anderen beeinflusst wirst oder unter Zeitdruck stehst, fällt es dir schwer, ruhig und besonnen zu entscheiden.

Um diese Hindernisse zu überwinden, ist es wichtig, dass du dir deiner eigenen Denkmuster und Glaubenssätze bewusst wirst. Nur dann kannst du sie hinterfragen und gezielt an deiner Fähigkeit arbeiten, deinem Bauchgefühl mehr Raum zu geben. Mit der richtigen Einstellung und etwas Übung kannst du lernen, intuitiv und selbstbewusst Entscheidungen zu treffen.

Der Trick: Die 5-Sekunden-Regel, um Entscheidungen zu beschleunigen

Die 5-Sekunden-Regel ist eine Technik, die dabei helfen kann, im Entscheidungsprozess bei kleinen, nicht sehr wichtigen Entscheidungen auf dein Bauchgefühl zu vertrauen. Die Idee ist, dass du dir selbst maximal fünf Sekunden Zeit gibst, um eine Wahl zu treffen, wenn du dich in einer Situation befindest, in der du eine Entscheidung treffen musst.

Der Ablauf ist folgendermaßen: Nimm dir zunächst einen kurzen Moment, um tief in dich zu gehen. Stelle dir dann die Frage, die du zu beantworten hast, zum Beispiel "Soll ich den Bus nehmen oder das Auto?" „Nehme ich Spaghetti Bolognese oder eine Pizza Diabolo?". Du hast fünf Sekunden Zeit, um eine Antwort zu finden. In dieser kurzen Zeit – du zählst rückwärts 5-4-3-2-1 – sollst du nicht lange hin und her überlegen, sondern einfach auf dein Bauchgefühl hören. Wenn die fünf Sekunden vorbei sind, triffst du deine Entscheidung spontan und basierend auf dem, was du in dir gespürt hast.

Der Grund, warum diese Technik funktioniert, ist, dass die

kurze Zeitspanne deiner rationalen analysierenden Denkweise keine Zeit lässt, in den Vordergrund zu treten. Stattdessen aktivierst du deine Intuition und lässt dein Unterbewusstsein arbeiten, wodurch du eine Entscheidung triffst, die eher auf deinem Gefühl als auf deinem Verstand basiert.

Die Vorteile der 5-Sekunden-Regel sind, dass sie dir hilft, Entscheidungen schnell und instinktiv zu treffen, das Vertrauen in dein Bauchgefühl fördert und die Angst vor Fehlern überwindet, da du keinen langen Entscheidungsprozess hast. Mit etwas Übung kann diese Technik sehr nützlich sein, um deine Intuition in Entscheidungssituationen zu stärken.

Warum eine Nicht-Entscheidung auch eine Entscheidung ist

Es stimmt, eine Nicht-Entscheidung ist in Wirklichkeit ebenfalls eine Form der Entscheidung. Auch wenn du dich bewusst dafür entscheidest, keine Entscheidung zu treffen, hast du damit eine Wahl getroffen.

Wenn du dich nämlich dafür entscheidest, keine Entscheidung zu treffen, dann lässt du die Dinge einfach so, wie sie sind. Du wählst aktiv, in deiner aktuellen Situation zu verharren und keine Veränderung herbeizuführen. Statt neue Wege auszuloten und Risiken einzugehen, bleibst du in deiner Komfortzone.

Diese Nicht-Entscheidung hat somit genauso Konsequenzen wie eine aktive Entscheidung. Denn indem du nichts änderst, behältst du deine jetzige Situation bei. Vielleicht bist du mit dieser Situation sogar unzufrieden. Aber du triffst bewusst die Wahl, nichts daran zu verändern.

Manchmal wählen wir die Nicht-Entscheidung, weil wir Angst vor Veränderung haben. Wir fürchten die möglichen Risiken und Gefahren, die mit einer Entscheidung einhergehen könnten. Deshalb entscheiden wir uns für das Bekannte und Vertraute – auch wenn es uns vielleicht nicht wirklich glücklich macht.

Aber wie wir jetzt sehen, ist das Treffen keiner Entscheidung ebenfalls eine aktive Entscheidung. Indem du dich dafür entscheidest, nichts zu ändern, verpasst du die Möglichkeit auf Weiterentwicklung und Verbesserung deiner Situation. Letztendlich bist du also genauso verantwortlich für die Konsequenzen deiner Nicht-Entscheidung wie für die einer aktiven Entscheidung.

Deshalb ist es so wichtig, dir bewusst zu machen, dass auch das Nichtstun eine Wahl ist. Nur wenn du dir das klar machst, kannst du wirklich selbstbestimmt und verantwortungsvoll handeln. Denn schon der Philosoph und Schriftsteller Albert Camus sagte: „Das Leben ist die Summe all unserer Entscheidungen".

Zusammengefasst lässt sich also sagen, dass das Treffen von Entscheidungen dich glücklicher machen kann als das Vermeiden von Entscheidungen. Wenn du dich nämlich bewusst für eine Richtung entscheidest, setzt du aktiv etwas in Bewegung. Du schaffst die Möglichkeit für Veränderung und neue Chancen in deinem Leben. Auch wenn eine Entscheidung zunächst mit Unsicherheit verbunden sein kann, bringt sie dich doch immer weiter voran. Im Gegensatz dazu führt die Nicht-Entscheidung dazu, dass du in deiner

derzeitigen, eventuell auch unbefriedigenden Situation ver-
harrst. Du magst dich vielleicht erst einmal sicher fühlen,
langfristig kann diese Passivität aber zu Frustration führen.
Entscheidungen zu treffen erfordert Mut, doch sie ermöglichen dir, dein Leben aktiv mitzugestalten und dich weiterzuentwickeln, was auf Dauer viel erfüllender und glücklicher sein kann, als in Angst vor Veränderung die gegenwär-
tige unbefriedigende Situation beizubehalten.

Kapitel 2

Hinterfrage dein Leben – Wie Selbstreflexion dir zeigt, was du in deinem Leben ändern musst

Wenn wir uns entscheiden, unser Leben zu verändern, ist das oft nur der erste, aber doch sehr wichtige Schritt. Denn um wirklich etwas zu bewirken, müssen wir in uns gehen und unser Handeln hinterfragen.

Wir müssen uns selbst reflektieren, um herauszufinden, was genau wir ändern wollen. Denn nicht selten treffen wir Entscheidungen, ohne ihre tieferen Ursachen zu verstehen. Wir reagieren impulsiv auf äußere Umstände, ohne die eigentlichen Bedürfnisse und Motivationen zu ergründen.

Erst wenn wir uns unseres inneren Kompasses bewusst werden, können wir wirklich zielorientiert an Veränderungen arbeiten. Auf dem Weg zu einem erfüllteren und glücklicheren Leben ist es wichtig, erst einmal genau zu verstehen, was uns in unserer derzeitigen Lebenssituation glücklich oder unglücklich macht.

Wo liegen meine Stärken? Und wo meine Schwächen? Welche Überzeugungen und Muster prägen mein Denken und Handeln? Und vor allem: Was ist tatsächlich förderlich für mein Glück und meine Entwicklung?

Diese Fragen können sehr schmerzhaft sein, denn sie erfordern, dass wir uns ehrlich mit uns selbst auseinandersetzen. Doch genau das ist der Schlüssel zu einem authentischeren und glücklicheren Leben. Nur wenn wir bereit sind,

Dinge zu erkennen, die uns nicht guttun, können wir loslassen, was uns zurückhält, und den Weg für neue Chancen freimachen.

Selbstreflexion ist also nicht nur ein weiterer Schritt, sondern auch der Wegweiser, der uns den Weg zur Veränderung weist. Denn nur wenn wir wissen, wo wir stehen, können wir auch sicher dorthin gelangen, wo wir hin wollen.

In diesem zweiten Kapitel wirst du dich selbst reflektieren und dir ein klareres Bild davon machen, wie dein perfekter Tag aussehen könnte, was dich derzeit unzufrieden macht und was dir wirklich wichtig ist im Leben. Diese Selbstreflexion wird dir wertvolle Einblicke geben, die du in den folgenden Kapiteln nutzen kannst, um dein Glück aktiv zu gestalten.

Der ideale Tag

Stelle dir einmal vor, du stehst morgens auf und kannst nun deinen perfekten Tag erleben. Wie sähe dieser Tag für dich aus? Vielleicht beginnst du ihn mit einer ruhigen Meditation (Kapitel 4) oder einem langen Spaziergang in der Natur? Dann triffst du dich mit guten Freunden oder deiner Familie zum gemeinsamen Frühstück und verbringst den Vormittag mit inspirierenden Gesprächen. Am Nachmittag widmest du dich einer sportlichen oder kreativen Beschäftigung, bei der du viel Spaß hast. Den Abend lässt du dann gemütlich ausklingen, vielleicht bei einem leckeren Essen und einem schönen Film. Versuche, dir diesen idealen Tag so detailliert wie möglich vorzustellen und schreibe deine Gedanken dazu auf.

Was stört mich an meinem Leben?

Nun werfe einen Blick auf dein aktuelles Leben. Welche Dinge sind es, die dich derzeit stören oder belasten? Vielleicht empfindest du deinen Job als zu stressig? Oder du bist unterfordert? Vielleicht hättest du auch gerne mehr Freizeit oder bist unzufrieden mit deiner finanziellen Situation? Schreibe diese Punkte auf und überlege, was du daran ändern könntest. Notiere auch hierzu deine Gedanken auf.

Prioritäten für ein glückliches Leben

Nachdem du erkannt hast, was dich in deinem Leben derzeit unglücklich und unzufrieden macht, beginne nun damit, deine Prioritäten für ein glücklicheres Leben aufzuschreiben. Frage dich: Was sind die wirklich wichtigen Dinge, die mich glücklich und zufrieden machen? Vielleicht hättest du gerne mehr Zeit mit deiner Familie und deinen Freunden oder für die Ausübung deiner Hobbys? Vielleicht würdest du gerne öfter verreisen? Erstelle eine Prioritätenliste und überlege dir für jeden Punkt, wann und wie du diese Dinge in deinen Alltag integrieren könntest. Falls sich manche Punkte nicht so leicht umsetzen lassen, schreibe auch auf, was du dafür bräuchtest, um sie Schritt für Schritt zu realisieren. Denke daran: Du trägst alles in dir, um deine Träume zu verwirklichen. Es braucht nur Geduld und den richtigen Plan.

Das Traumbuch

Eine wertvolle Übung ist auch, ein Traumbuch anzulegen. Nimm dir regelmäßig Zeit, um all deine Ziele, Träume und Wünsche niederzuschreiben. Lass deiner Fantasie freien Lauf und beschreibe ganz genau, wie dein perfektes Leben aussehen könnte. Dieses Traumbuch kann dir immer wieder als Inspiration und Motivation dienen, aktiv an der Verwirklichung deiner Träume und Wünsche zu arbeiten.

Sinn und Zweck des eigenen Daseins

Zum Abschluss dieses zweiten Kapitels ist es wichtig, dir auch über den tieferen Sinn und Zweck deines Daseins Gedanken zu machen. Ein wichtiges Thema in der menschlichen Erfahrung ist die Suche danach. Was könnte der Grund sein, warum du hier bist und was könnte deine Bestimmung sein? Vielleicht möchtest du die Welt ein Stückchen besser machen, anderen Menschen unterstützend zur Seite stehen oder einfach dein Bestes geben, um ein glückliches Leben zu führen? Egal was es ist – versuche, dahinterzukommen, was deine ganz persönliche Lebensaufgabe sein könnte. Denke daran, dass du die Antwort auf diese Frage wahrscheinlich nicht sofort findest. Es ist vielmehr ein Prozess, der Zeit, Reflexion und oftmals auch Geduld erfordert.

Beispiele und Übungen zur Sinnfindung

Identifiziere deine Werte und Leidenschaften

Nimm dir Zeit, um dir über deine Werte Gedanken zu machen (Kapitel 4). Was ist dir wichtig im Leben? Ist es Familie, Freundschaft, Hobby, Lernen oder etwas ganz anderes? Schreibe eine Liste mit fünf deiner wesentlichsten Werte und überlege anschließend, wie du diese im Alltag integrieren kannst.

Übung: Erstelle eine Tabelle mit zwei Spalten. In die linke Spalte schreibst du deine Werte, in die rechte Spalte notierst du, wie du diese Werte in deinem Alltag umsetzen könntest.

Entwickle deine Lebensvision

Visualisiere, wie dein ideales Leben aussieht. Wo bist du? Was machst du? Wer ist bei dir? Diese Übung kann dir helfen, ein klareres Bild von deinem gewünschten Lebensweg zu gewinnen.

Übung: Setze dich an einen ruhigen Ort und schließe die Augen. Stelle dir dein ideales Leben vor und halte diese Vision schriftlich fest. Frage dich „Was macht mich glücklich?" und „Was würde ich tun, wenn ich alles machen könnte und mir keine Grenzen gesetzt wären?"

Reflektiere über vergangene Erfahrungen

Denke an schöne Momente in deinem Leben, in denen du dich besonders glücklich gefühlt hast. Was hast du in diesen Momenten getan? Wer war bei dir? Diese Reflexion kann dir Hinweise auf deinen Lebenssinn geben.

Übung: Schreibe eine Liste von fünf bis zehn bedeutenden Momenten in deinem Leben und beschreibe, was sie für dich so besonders gemacht haben. Analysiere, welche Themen oder Muster sich dabei wiederholen.

Setze Ziele

Basierend auf deinen Leidenschaften, Werten und deiner Vision kannst du individuelle Ziele formulieren, die dich zu deinem Lebenssinn führen.

Übung: Setze dir kurz-, mittel- und langfristige Ziele. Achte darauf, dass sie realistisch und erreichbar sind. Überlege dir auch, was du Schritt für Schritt tun musst, um diese Ziele zu erreichen.

Sei offen für Veränderungen

Es ist wichtig, zu wissen, dass sich der Sinn deines Daseins auch erst im Laufe der Zeit entwickeln kann. Deshalb sei offen für neue Erfahrungen und bereit, deine Perspektiven zu ändern.

Übung: Erstelle eine Liste mit neuen Aktivitäten oder Interessen, die du ausprobieren möchtest. Setze dir das Ziel, einmal im Monat etwas Neues auszuprobieren, um deinen Horizont zu erweitern, neue Hobbys zu entwickeln und weitere Möglichkeiten zu entdecken.

Der Prozess der Sinnfindung

Denke daran, dass die Suche nach deinem Lebenssinn ein kontinuierlicher Prozess ist, der sich langsam entwickelt. Es ist normal, dass sich deine Antworten und Prioritäten im Laufe der Zeit ändern. Du musst geduldig mit dir selbst sein und darfst dich keinesfalls unter Druck setzen. Wenn du aktiv an deiner Selbstreflexion arbeitest und die oben genannten Übungen durchführst, wirst du allmählich ein klareres Bild deines Lebenssinns entwickeln und wissen, was genau du willst. Dein Weg zu einem glücklichen und erfüllten Leben wird durch die kleinen Schritte, die du heute unternimmst, geebnet.

Und jetzt?

Du hast nun begonnen, den Sinn für dein Dasein zu erforschen, hast dich gefragt, was dich glücklich macht und was dich derzeit in deinem Leben einschränkt. Nun ist es an der Zeit, konkrete Schritte zu unternehmen. Fange am besten mit den einfacheren Dingen an, die du schnell umsetzen kannst. Beginne damit, deinen Alltag an deine Prioritäten anzupassen. Vielleicht ist es möglich, deine Arbeitszeiten etwas flexibler zu gestalten, um mehr Zeit für Familie und

Hobbys zu haben. Oder du findest Wege, um dich regelmäßig körperlich zu betätigen. Achte darauf, dass du jeden Tag zumindest etwas Zeit einplanst, das zu tun, was dir wichtig ist und was du gerne machst.

Für die Punkte, die sich nicht ganz so einfach umsetzen lassen, wie beispielsweise eine Veränderung deiner finanziellen Situation, erstelle einen konkreten Umsetzungsplan. Überlege dir, was nötig ist, um dein Ziel zu erreichen, und arbeite diesen Plan Schritt für Schritt ab. Belohne dich auch für kleinere Zwischenerfolge, damit du motiviert bleibst.

Dein Traumbuch kann dir in diesem Prozess eine wertvolle Orientierung geben. Nimm es regelmäßig zur Hand, lies darin und visualisiere, wie dein ideales Leben aussehen könnte. Das wird dich inspirieren und motivieren und deinen Blick für neue Möglichkeiten schärfen.

Und denke immer daran: Wenn du deinen Lebenssinn gefunden hast, wird er dich stets begleiten und dir Kraft geben. Konzentriere dich darauf, diesen Sinn langsam zu entdecken und auszuleben.

Lass dich nicht entmutigen, wenn nicht alles auf Anhieb funktioniert. Bleibe geduldig und beharrlich. Mit der richtigen Einstellung und den richtigen Maßnahmen wirst du dein Glück schrittweise verwirklichen können.

Nimm dir also die Zeit, all diese Fragen sorgfältig zu beantworten. Die gewonnenen Erkenntnisse bilden das Fundament, mit dem du in den nächsten Kapiteln weiter an deinem Glück arbeiten kannst.

Kapitel 3

Das Erfolgs- und Dankbarkeitstagebuch
So schärfst du deinen Blick für das Positive

Du hast im letzten Kapitel dein Leben hinterfragt, dich selbst reflektiert und dich entschieden, die Weichen für ein glücklicheres und erfüllenderes Leben zu stellen? Dann ist es an der Zeit, diesen Weg mit einem Erfolgs- und Dankbarkeitstagebuch weiter zu festigen.

Ein regelmäßiges Erfolgs- und Dankbarkeitstagebuch zählt zu den mächtigsten Werkzeugen auf deiner Reise zu mehr Zufriedenheit. Hierzu nimmst du dir täglich einige Minuten Zeit, um die positiven Dinge des Tages zu reflektieren. Notiere zunächst deine Erfolge und Errungenschaften, egal wie klein sie dir erscheinen mögen. Vielleicht hast du eine unangenehme Aufgabe erledigt, ein neues Rezept ausprobiert oder einfach nur deine Wohnung aufgeräumt – all das sind Erfolge, die es wert sind, gewürdigt zu werden. Wenn du diese Momente festhältst, erinnerst du dich nicht nur an deine Fortschritte, sondern stärkst auch dein Selbstvertrauen.

Ergänze diese Erfolgsaufzeichnungen anschließend um eine Liste mit Dingen, für die du an diesem Tag dankbar bist. Das können Menschen, Erlebnisse oder auch kleine Freuden des Alltags sein – wichtig ist, dass du dir bewusst machst, wie viel Gutes es in deinem Leben gibt. Dieses Dankbarkeitstraining ist enorm wertvoll, um deine positive

Einstellung und Grundhaltung zu stärken und deine Wahrnehmung für das Schöne im Hier und Jetzt zu schärfen.

Betrachte dieses Tagebuch als deinen persönlichen Wegweiser. Wenn du schwierige Tage oder Phasen der Selbstzweifel hast, kannst du darin blättern und dich an all deine Erfolge erinnern. So gewinnst du immer wieder neue Energie und Motivation, um deinen Weg entschlossen weiterzugehen.

Was passiert in deinem Kopf, wenn du dich auf das Positive konzentrierst?

Wenn wir uns bewusst darauf konzentrieren, unsere Erfolge zu reflektieren, und Dinge zu entdecken, für die wir dankbar sind, hat das tiefgreifende Auswirkungen auf unser Gehirn und Nervensystem. Durch dieses Dankbarkeitstraining aktivieren und stärken wir die neuronalen Verbindungen, die mit positiven Emotionen, Optimismus und Zufriedenheit in Verbindung stehen.

Dabei wird die Ausschüttung von Glückshormonen wie Serotonin, Dopamin und Oxytocin angeregt. Diese Glückshormone sorgen nicht nur kurzfristig für ein Gefühl von Wohlbefinden, sondern können durch die regelmäßige Aktivierung sogar die Struktur unseres Gehirns so verändern, dass wir uns langfristig gut fühlen.

So fördert das Dankbarkeitstagebuch unter anderem die Entwicklung des präfrontalen Kortex, der für unser rationales Denken und unsere Impulskontrolle verantwortlich ist. Gleichzeitig reduziert es die Aktivität in Regionen des limbischen Systems, die für Stress, Angst und negative

Emotionen zuständig sind.

Mit der Zeit führen diese Veränderungen dazu, dass unser Gehirn zunehmend darauf konditioniert wird, nach den positiven Dingen im Leben Ausschau zu halten. Wir nehmen unsere Umwelt und Erlebnisse somit anders wahr – nämlich mit dem Fokus auf das Gute anstatt auf das Negative.

Darüber hinaus stärkt das Dankbarkeitstraining auch unsere Fähigkeit zur Selbstregulation, unsere Widerstandsfähigkeit und unsere Resilienz. Wir lernen, Rückschläge besser zu verarbeiten und Herausforderungen gelassener entgegenzutreten, sowie unser Selbstbewusstsein und unsere Lebenszufriedenheit zu steigern.

Hierzu gibt es Studien, die die positiven Auswirkungen eines Dankbarkeits- und Erfolgstagesbuches belegen.

Faszinierende Erkenntnisse über die Auswirkungen des Dankbarkeitstagebuches auf unser Gehirn lieferte beispielsweise eine renommierte Studie aus dem Jahr 2003. Die Forscher um Robert Emmons teilten 192 Probanden in drei Gruppen ein: eine Dankbarkeitsgruppe, eine Belastungsgruppe und eine neutrale Kontrollgruppe. Die Teilnehmer der Dankbarkeitsgruppe erhielten die Aufgabe, über zehn Wochen hinweg in einem Tagebuch fünf Dinge niederzuschreiben, für die sie dankbar waren – beispielsweise positive Erlebnisse, Beziehungen oder Dinge des Alltags. Im Gegensatz dazu sollte die Belastungsgruppe fünf Ärgernisse und Probleme notieren. Und eine dritte Gruppe reflektierte neutral über ihre Erlebnisse. Das Ergebnis war erstaunlich. Am Ende der Studie zeigten die Probanden der Dankbarkeitsgruppe eine deutlich erhöhte Aktivität in dem

Teil des Gehirns, der für emotionale Bewertungen, Wertschätzung und moralisches Verhalten wichtig ist. Diese neurophysiologischen Veränderungen sorgten bei ihnen für mehr Wohlbefinden, Optimismus und Lebensfreude. Sie gingen weniger zum Arzt, schliefen länger und besser, ihre Fitness hatte sich verbessert und sie trieben mehr Sport als die Vergleichsgruppen.

Eine weitere Studie aus dem Jahr 2006 ging ebenfalls der Frage nach, wie sich regelmäßiges Dankbarkeitstraining auf das Gehirn auswirkt. Die Probanden nahmen an einer 6-wöchigen Untersuchung teil – eine Gruppe führte täglich ein kurzes Dankbarkeitstagebuch, indem sie drei bis fünf Dinge aufschrieben, für die sie an diesem Tag dankbar waren. Die andere Gruppe dokumentierte stattdessen neutral ihre täglichen Aktivitäten. Die anschließenden Hirnscans zeigten, dass bei der Dankbarkeitsgruppe neuronale Verknüpfungen, die mit positiven Emotionen und prosozialem Verhalten in Verbindung stehen, deutlich gestärkt wurden. Zugleich verringerte sich ihre Hirnaktivität in Regionen, die für Stress, Angst und negative Emotionen zuständig sind.

Auch die Ergebnisse von über zwanzig weiteren Studien zum Thema Dankbarkeit zeigten: Regelmäßiges Dankbarkeitstraining regt die Ausschüttung der Glückshormone Serotonin, Dopamin und Oxytocin an, was bei den Probanden zu einer signifikanten Verbesserung von Lebenszufriedenheit, Wohlbefinden, Optimismus und mentaler Gesundheit führte. Zudem nahmen Ängste, Depressionen und Stress spürbar ab. Anschließende Hirnscans belegten außerdem, dass sich die Verbindungen zwischen präfronta-

lem Kortex und limbischem System bei der Dankbarkeitsgruppe deutlich verstärkten. Und das wiederum trug zu einer Reduzierung von Stress und negativen Emotionen bei.
Zusammengenommen zeigen all diese Studien, wie sehr
sich regelmäßiges Dankbarkeitstraining auf unser Gehirn
und unsere Psyche auswirkt. Von der Stärkung positiver
Emotionen und prosozialem Verhalten bis hin zu einer ver-
besserten Stressregulierung – das Führen eines Dankbarkeitstagebuches löst neuronale Veränderungen aus, die unser Wohlbefinden und unsere mentale Gesundheit signifikant steigern.

Wie kann man die positiven Auswirkungen eines Dankbarkeitstagebuches auf das Gehirn noch weiter zu verstärken?

Binde visuelle Elemente ein

Du kannst dein Tagebuch mit Bildern, Collagen oder anderen visuellen Elementen ergänzen. Dadurch aktivierst du
zusätzlich die kreativen Zentren deines Gehirns und stärkst
die emotionale Verbindung zu den Inhalten.

Beziehe verschiedene Sinne mit ein

Ergänze dein Dankbarkeitstagebuch um Elemente wie Na-
turmaterialien, Duftkerzen oder Musik. Wenn du mehrere
Sinne ansprichst, werden positive Erinnerungen und Gefühle in deinem Gehirn stärker verankert.

Integriere Meditationsübungen

Beginne oder beende deine Dankbarkeitsübung mit einer kurzen Meditationsübung. Das Zusammenspiel von Achtsamkeit und Fokussierung auf das Positive verstärkt positiv die neuronalen Veränderungen.

Tausche dich aus

Tausche dich regelmäßig mit Freunden, Familie oder einer Dankbarkeitsgruppe über deine Erkenntnisse aus. Der zwischenmenschliche Austausch stärkt soziale Beziehungen, motiviert, weiterhin an deiner Dankbarkeit zu arbeiten und ermöglicht es, dich selbst zu reflektieren und deine Gedanken besser zu ordnen.

Bleibe dran

Bleibe kontinuierlich dran und führe dein Tagebuch möglichst täglich. Nur so können sich die neuronalen Verschaltungen langfristig verfestigen und zu deinem Wachstum beitragen.

Je mehr Sinne, Aktivitäten und soziale Komponenten du in dein Dankbarkeitstraining einbaust, desto nachhaltiger werden die Veränderungen in deinem Gehirn. Lass dich von diesen Anregungen inspirieren und finde deinen ganz persönlichen Weg, um die positiven Effekte zu steigern beziehungsweise zu maximieren.

Kapitel 4

Meditation – Der natürliche Weg zu Gelassenheit und innerer Ruhe

Nachdem wir uns mit dem Dankbarkeitstagebuch beschäftigt haben, das uns hilft, die positiven Dinge des Tages zu reflektieren, wenden wir uns der Meditation zu. Diese Praxis bietet uns die Möglichkeit, in die Stille einzutauchen und den Kopf freizubekommen.

Meditation hilft uns, die hektischen Gedanken des Alltags loszulassen und im Moment zu sein. Hier können wir unsere Gedanken zur Ruhe bringen und entspannen. Wie wir in den vorherigen Kapiteln bereits mehrfach angesprochen haben, spielt Meditation eine zentrale Rolle für unser Wohlbefinden und Glücksempfinden. An dieser Stelle wollen wir nun genauer beleuchten, wie Meditation funktioniert, welche Wirkungen sie entfaltet und warum sie so wertvoll für unser Glück ist.

Harvard-Forscher haben entdeckt, dass regelmäßige Meditation das Gehirn nachhaltig verändert. Sie führt zu einem Anstieg der grauen Substanz in Regionen, die für Sinneswahrnehmung und Körperbewusstsein zuständig sind. Die "graue Substanz" im Gehirn bezieht sich auf die Ansammlung von Nervenzellkörpern, Nervenzellfortsätze (Dendriten) und unterstützende Zellen (Gliazellen). Sie ist ein wichtiger Teil des zentralen Nervensystems und spielt eine entscheidende Rolle bei der Verarbeitung von Informationen, dem Denken, dem Lernen und dem Gedächtnis.

In einer Studie hatten Teilnehmer im Alter von 40 bis 50 Jahren in diesen Bereichen so viel graue Substanz in dieser Hirnregion wie jüngere Menschen zwischen 20 und 30 Jahren, obwohl diese normalerweise mit dem Alter abnimmt.

Eine Meditationssitzung beginnt in der Regel damit, dass wir uns in einer ruhigen, möglichst ungestörten Umgebung niedersetzen, sei es auf ein Meditationskissen oder auf einen Stuhl. Oder wir legen uns entspannt hin. Wir schließen die Augen und richten unsere Aufmerksamkeit auf unseren Atem. Ganz bewusst nehmen wir jeden einzelnen Atemzug wahr, wie er in unsere Lungen strömt und wieder hinausgeht. Immer wenn unsere Gedanken abschweifen, bringen wir unsere Aufmerksamkeit sanft und ohne Urteil wieder zurück zum Atem.

Durch diese einfache Übung, die wir über einen bestimmten Zeitraum – etwa 10 bis 20 Minuten – durchführen, erreichen wir einen Zustand tiefer Entspannung und Achtsamkeit. Unser Geist beruhigt sich, die Aktivität in unserem Gehirn nimmt ab und wir gewinnen innere Ruhe und Gelassenheit. Gleichzeitig entfalten sich zahlreiche positive Wirkungen auf unseren Körper: Unser Blutdruck sinkt, die Produktion von Stresshormonen wie Cortisol wird gedrosselt, und das Immunsystem wird gestärkt.

All diese Veränderungen tragen maßgeblich zu unserem Wohlbefinden und Glücksempfinden bei. Studien zeigen, dass regelmäßige Meditation nicht nur Stress, Angst und Depressionen reduzieren, sondern auch unser allgemeines Lebensgefühl spürbar verbessern kann. Durch die erhöhte

Achtsamkeit und Selbsterkenntnis, die wir in der Meditation entwickeln, gelingt es uns besser, mit herausfordernden Situationen umzugehen und unsere Emotionen zu regulieren. Wir lernen, wie wichtig es ist, den Moment zu genießen und das Positive im Alltag zu erkennen und wertzuschätzen.

Meditation ist daher nicht nur eine wertvolle Methode zur Stressreduktion und Förderung der mentalen Gesundheit, sondern trägt auch ganz entscheidend zu unserem Glücksempfinden bei. Sie ermöglicht uns, unser Leben bewusster, achtsamer und zufriedener zu gestalten – eine Fähigkeit, die für ein erfülltes und glückliches Dasein von zentraler Bedeutung ist.

Neben den positiven Auswirkungen auf Körper und Psyche, die wir im vorherigen Abschnitt besprochen haben, entfaltet Meditation auch eine tiefgreifende Wirkung auf die neuronalen Strukturen und Prozesse in unserem Gehirn. Insbesondere die Verbindung zwischen dem präfrontalen Kortex und der Amygdala spielt hierbei eine entscheidende Rolle.

Der präfrontale Kortex ist jener Teil des Gehirns, der für höhere kognitive Funktionen wie Entscheidungsfindung, Problemlösung und Impulskontrolle zuständig ist. Die Amygdala hingegen ist das sogenannte "Angstzentrum" des Gehirns, das für die Verarbeitung von Emotionen wie Furcht und Stress verantwortlich ist.

Bei stressigen oder bedrohlichen Situationen aktiviert die Amygdala reflexartig den Körper, um mit Flucht oder

Kampf zu reagieren. Durch regelmäßiges Meditieren lernen wir jedoch, diese Reaktion besser zu kontrollieren. Der präfrontale Kortex gewinnt an Einfluss auf die Amygdala, so dass wir Emotionen wie Angst und Stress bewusster wahrnehmen und besser regulieren können. Wir reagieren gelassener und ausgeglichener auf Herausforderungen des Alltags.

Meditation ist dabei keineswegs eine esoterische Praxis, die nur in bestimmten spirituellen Kontexten Anwendung findet. Vielmehr wird sie heute weltweit in verschiedensten Disziplinen und Kontexten genutzt – vom Yoga über Qigong bis hin zur Stressreduktion in Unternehmen. Gerade die Neurowissenschaften haben in den letzten Jahren die Wirksamkeit von Meditation umfassend belegt und sie fest in der westlichen Medizin und Psychologie verankert.

Ob als eigenständige Praxis oder als integraler Bestandteil ganzheitlicher Bewegungsformen wie Yoga, Tai-Chi oder Qigong – Meditation bietet einen wertvollen Beitrag zu unserem Glücksempfinden. Indem sie unsere Achtsamkeit schult, Stress abbaut und die Verbindung zwischen Körper und Geist stärkt, legt sie den Grundstein für ein erfülltes und zufriedenes Leben.

Meditationsübungen

Atembeobachtung

- Setze dich in einer bequemen Position auf, z.B. im Schneidersitz oder auf einem Stuhl.

- Schließe die Augen und richte deine Aufmerksamkeit auf deinen natürlichen Atem.
- Beobachte, wie der Atem in deinen Körper strömt und wieder hinausgeht.
- Versuche, dich ganz auf die Wahrnehmung des Atems zu konzentrieren, ohne ihn zu verändern.
- Wenn deine Gedanken abschweifen, bringe deine Aufmerksamkeit sanft und ohne Urteil wieder zum Atem zurück.

Körperscanning
- Beginne, indem du deine Aufmerksamkeit auf deinen Atem richtest.
- Lenke dann deine Aufmerksamkeit systematisch durch deinen gesamten Körper, von den Füßen bis zum Kopf.
- Spüre bewusst in jeden Körperteil hinein und nimm wahr, wie er sich anfühlt – ob angespannt oder entspannt.
- Verweile an Stellen, an denen du Spannungen oder Unwohlsein bemerkst, und atme bewusst in diese Bereiche hinein.
- Beobachte, wie sich dein Körper durch das achtsame Wahrnehmen und Atmen langsam entspannt.

Gehende Meditation
- Suche dir einen ruhigen Ort zum Gehen, z.B. einen Garten oder einen Flur.

- Beginne langsam und achtsam zu gehen, indem du jeden Schritt bewusst wahrnimmst.
- Konzentriere dich auf die Bewegung deiner Füße, wie sie nacheinander den Boden berühren.
- Lass deine Gedanken los und sei ganz bei jedem einzelnen Schritt.
- Sollten Gedanken auftauchen, bringe deine Aufmerksamkeit sanft wieder zur Bewegung deiner Füße zurück.

Achtsamkeitsübung im Alltag

- Wähle eine alltägliche Routine-Handlung, z.B. Zähneputzen, Kaffeetrinken oder Spazierengehen.
- Bringe deine volle Aufmerksamkeit in den gegenwärtigen Moment, indem du alle Sinne bewusst wahrnimmst.
- Rieche den Kaffeeduft, spüre die Bewegung deiner Zähne beim Putzen oder beobachte aufmerksam die Umgebung beim Spazierengehen.
- Lass dich nicht von Gedanken ablenken, sondern verweile ganz im gegenwärtigen Augenblick.
- Tipp: Nimm täglich zwei Sticker und klebe sie dorthin, wohin dich an diesem Tag dein Weg des Öfteren vorbeiführt (z.B. Notebook, Haustür oder Kaffeemaschine). Jedes Mal, wenn du besagte Sticker siehst, halte kurz inne, atme tief durch und fühle in dich hinein.

Schweige-Meditation

- Suche dir einen ruhigen Ort, an dem du für eine bestimmte Zeit in Stille verweilen kannst.

- Setze dich aufrecht hin und vermeide jegliche Ablenkungen wie Handy, Musik oder Bücher.

- Lass dich einfach in der Stille sein und beobachte deinen Atem und deine Gedanken.

- Widerstehe dem Drang, dich ständig zu beschäftigen, sondern bleibe in der meditativen Ruhe.

- Erlaube deinem Geist, sich zu beruhigen und in einen Zustand der tiefen Entspannung und Klarheit zu kommen.

Achtsamkeitsmeditation auf Geräusche

- Finde eine ruhige Umgebung, in der du dich ungestört setzen kannst.

- Richte deine Aufmerksamkeit zunächst auf deinen Atem und spüre, wie er ein- und ausströmt.

- Lenke dann deine Aufmerksamkeit auf die Geräusche in deiner Umgebung (zum Beispiel Vogelgezwitscher, Blätterrauschen im Wind, das Summen der Bienen, das Plätschern eines Brunnens, etc.).

- Nimm die Geräusche wahr, ohne sie zu bewerten oder einzuordnen. Sei einfach präsent und aufmerksam.

- Versuche, dich nicht von den Geräuschen ablenken zu lassen, sondern bleibe ganz bei ihnen.

- Wenn deine Gedanken abschweifen, bringe deine Achtsamkeit sanft zu den Geräuschen zurück.

- Du kannst diese Meditation auch auf alle anderen Sinne ausweiten, wie das Sehen, Spüren, Riechen und Schmecken, denn auf diese Weise schärfst du all deine Sinne.

Durch das regelmäßige Praktizieren dieser verschiedenen Meditationsformen kannst du deine Fähigkeiten der Konzentration, Achtsamkeit und emotionalen Ausgeglichenheit kontinuierlich stärken. Jede Meditation hat dabei ihre eigene Schwerpunktsetzung und Wirkung, so dass du ausprobieren kannst, welche Praxis dir am meisten zusagt. Der Schlüssel liegt darin, Meditation als einen lebenslangen Weg der Selbsterforschung und Persönlichkeitsentwicklung zu begreifen. Beginne am besten mit kurzen Sitzungen von 5-10 Minuten und steigere die Dauer langsam, bis du eine Meditationsroutine von 20-30 Minuten etabliert hast.

Sollte das Meditieren nicht auf Anhieb klappen, weil du zu viele Gedanken hast, die du auf Anhieb nicht abschalten kannst, dann ist das völlig in Ordnung. Es dauert seine Zeit, bis du in der Lage sein wirst, dich komplett auf die Meditation zu konzentrieren. Gib nicht auf, sondern mache weiter! Nur so wirst du erfolgreich erlernen, wie Mediation funktioniert und ruhiger und gelassener werden, sowie in der Konsequenz deine Zufriedenheit und dein Glücksgefühl steigern.

Kapitel 5

Definiere deine Werte, denn Werte sind dein Kompass

Du hast nun Schritt für Schritt an deinem Glück gearbeitet und gelernt, zu meditieren. Nun ist es an der Zeit, deine persönlichen Werte und Prinzipien zu definieren. Diese bilden nämlich das Fundament, auf dem du dein gesamtes Leben aufbaust.

Hierzu eine kurze Geschichte:

Während einer Unterrichtsstunde hält der Lehrer einen 10-Euro-Schein in die Höhe und fragt die Schüler: "Wer von euch möchte diesen Geldschein haben?" Ohne zu zögern heben alle Schüler die Hände hoch.

Daraufhin nimmt der Lehrer den Geldschein und zerknüllt ihn in seiner Hand. Erneut stellt er die Frage an die Klasse: "Wer will ihn immer noch haben?" Auch jetzt noch melden sich sämtliche Schüler.

Nun wirft der Lehrer den zerknüllten Geldschein auf den Boden und trampelt auf ihm herum. Wieder stellt er die Frage an die Klasse: "Und jetzt? Wer will den 10-Euro-Schein immer noch haben?" Abermals melden sich alle Schüler.

Daraufhin sagt der Lehrer: „Seht ihr! Egal, was ich mit diesem 10-Euro-Schein mache – ihr möchtet ihn immer noch haben. Und warum wollt ihr ihn? Weil dieser Geldschein noch denselben Wert hat. Es spielt keine Rolle, ob ich ihn zerknülle oder auf ihm herumtrample – er hat immer den gleichen Wert für euch. Und was lernt ihr daraus? Egal, ob euch andere Menschen schlecht behandeln, ob sie euch wegstoßen oder nicht respektieren – ihr werdet stets denselben Wert haben. Auch wenn ihr arm seid und nichts mehr besitzt – ihr verliert nie an Wert!"

Während dieser eindrucksvollen Lektion haben die Schüler erkannt, dass der innere Wert des 10-Euro-Scheins unabhängig von seinem äußeren Erscheinungsbild ist. Genauso verhält es sich mit dem Wert eines Menschen – er hängt nicht von Besitz, Aussehen oder der Meinung anderer ab.

Diese Erkenntnis ist von entscheidender Bedeutung, wenn es darum geht, die eigenen Werte zu definieren und zu verteidigen. Denn jeder Mensch – ganz gleich, was er besitzt oder wie er aussieht - hat einen inneren Wert, der tief in ihm verwurzelt ist und den niemand infrage stellen oder zerstören kann. Egal, was andere über dich denken oder wie sie dich behandeln – dieser Kern des Selbst bleibt stets erhalten.

Du musst dir dieser Tatsache bewusst sein und sie verinnerlichen, denn nur so kannst du in schwierigen Lebensphasen stark und selbstbewusst bleiben. Wenn du deinen inneren Kompass an den Maßstäben anderer ausrichtest, wirst du schnell unsicher und verlierst den Glauben an dich selbst. Stattdessen solltest du dich darauf konzentrieren, deine persönlichen Werte klar zu definieren und zu leben. Ob Ehrlichkeit, Integrität, Mitgefühl oder Mut – die Eigenschaften, die für uns wertvoll sind, machen uns zu dem, was und wer wir sind. Und sie können uns auch in den dunkelsten Momenten Halt geben.

Wenn wir uns auf unseren inneren Kompass verlassen, können wir selbstbewusst durchs Leben gehen. Ganz gleich, was andere sagen oder tun – unser eigener innerer Wert bleibt stets unangetastet.

Frage dich also, was dir im Leben *wirklich* wichtig ist – sei es Ehrlichkeit, Kreativität, Naturverbundenheit oder soziales Engagement. Erstelle eine Liste deiner Kernwerte und überlege dir, wie du diese in deinen Alltag integrieren kannst. Denn deine Werte sind dein Kompass, der dich bei all deinen Entscheidungen und Handlungen leitet.

Was sind Werte eigentlich?

Werte sind das, was wir als positiv erstrebenswert oder moralisch gut ansehen. Es sind tief-verwurzelte Überzeugungen, die unser Denken, Handeln und Fühlen leiten.

Dabei unterscheiden sich Werte von reinen Prinzipien dadurch, dass Werte emotionale Komponenten beinhalten, sie sind Überzeugungen und beschreiben nicht nur, was wir für richtig halten, sondern auch, was uns *persönlich* wichtig und wertvoll ist. Prinzipien dagegen sind Grundsätze, feste Regeln oder Richtlinien, die dein Verhalten prägen.

Typische Beispiele für Werte sind

- Integrität
- Empathie
- Verantwortungsbewusstsein
- Bescheidenheit

- Treue
- Kreativität
- Gerechtigkeit
- Freiheit
- Respekt
- Leistung
- Unabhängigkeit
- Erfolg
- Mitgefühl
- Ehrlichkeit
- Perfektion
- Nachhaltigkeit

Diese Werte können je nach Persönlichkeit, Prägung und Lebenssituation variieren. Entscheidend ist, dass sie dir persönlich am Herzen liegen und dein Handeln maßgeblich beeinflussen.

Und nun noch einige Beispiele für Prinzipien:

- Behandle andere so, wie du selbst behandelt werden möchtest.
- Lerne aus deinen Fehlern.
- Kämpfe für deine Überzeugungen.
- Stehe für deine Überzeugungen ein, auch wenn es manchmal unbequem ist.
- Investiere in deine persönliche Entwicklung und in dein Wachstum.

- Übernimm Verantwortung für deine Entscheidungen und deren Konsequenzen.
- Sei offen für Feedback und lerne daraus.
- Bleib deinen Zielen treu, auch wenn der Weg manchmal schwierig ist.
- Denke langfristig und handle im Sinne zukünftiger Generationen.
- Nutze deine Fähigkeiten, um andere zu unterstützen und die Welt zu verbessern.
- Sei neugierig und offen für neue Ideen, Erkenntnisse und Perspektiven.
- Fördere Diversität und Inklusion in deinem Umfeld.

Warum ist es wichtig, seine Werte zu kennen?

Oft merken Menschen erst dann, wie wichtig ihre Werte sind, wenn sie in Situationen geraten, in denen diese Werte infrage gestellt werden. Zum Beispiel, wenn sie plötzlich eine Entscheidung unter Druck zu treffen haben, die gegen ihre Überzeugung geht. Oder wenn sie sich mit Menschen umgeben, deren Werte nicht mit den eigenen übereinstimmen.

Indem du dir also deine Werte bewusst machst, stärkst du deine Identität und Glaubwürdigkeit. Du lernst, kongruent und authentisch zu leben, anstatt dich ständig an äußeren Erwartungen zu orientieren. Das gibt dir ein Gefühl von Sicherheit und Stabilität – insbesondere in turbulenten Zeiten.

Zu den wichtigsten Werten zählen dabei unter anderem Freiheit, Gerechtigkeit, Kreativität und Leistung.

Freiheit bedeutet für viele, unabhängig und selbstbestimmt ohne äußere Zwänge leben zu können. Gerechtigkeit wiederum ermutigt uns, sich für die faire Behandlung und die Rechte anderer einzusetzen. Die Entfaltung der Kreativität, das Entwickeln neuer Ideen und somit das aktive Mitgestalten des Lebens gehören ebenfalls zu den grundlegenden Werten. Leistung und das konsequente Verfolgen ambitionierter Ziele sind für viele eine Quelle der Erfüllung. Auch Werte wie Familienzusammenhalt, Spiritualität, Gesundheit und Authentizität spielen für viele Menschen eine wichtige Rolle. Für andere dagegen haben Umweltschutz und eine nachhaltige Lebensweise Priorität. Und dann gibt es noch diejenigen, für die soziales Engagement, der Einsatz für andere und das Bewirken von Positivem in der Welt von großer Bedeutung sind.

Wie definierst du deine Werte?

Um deine persönlichen Werte zu definieren, ist es hilfreich, dir folgende Fragen zu stellen:

- Was ist mir im Leben am wichtigsten? Wofür möchte ich einstehen?
- Welche Eigenschaften und Verhaltensweisen schätze ich besonders an anderen Menschen?
- Welche Dinge, Aktivitäten oder Beziehungen geben mir Kraft und Motivation?

- In welchen Situationen fühle ich mich besonders lebendig und glücklich?
- Woran möchte ich mich in schwierigen Momenten orientieren?

Versuche nun, mit Hilfe der oben genannten Fragen deine persönlichen Werte zu definieren. Schreibe dir die Antworten auf und überlege, wie du sie konkret in deinen Alltag integrieren kannst. Oft kristallisieren sich dabei 5-10 Werte heraus, die dir besonders wichtig sind.

Lass dir dabei Zeit und sei ehrlich zu dir selbst. Es ist auch nicht ungewöhnlich, dass sich deine Werte im Laufe deines Lebens nochmal verändern können. Entscheidend ist, dass du dich immer wieder darauf besinnst, was dir wirklich wichtig ist.

Auch ein regelmäßiges "Werte-Check-in" kann hilfreich sein – etwa indem du dir vierteljährlich oder halbjährlich Fragen wie diese stellst:

- Lebe ich meine Werte wirklich oder vernachlässige ich sie?
- Welche Werte sind mir in letzter Zeit wichtiger geworden?
- Wo sehe ich Handlungsbedarf, um noch authentischer zu leben?

Je bewusster du mit deinen Werten umgehst, desto erfüllter und zufriedener wirst du sein.

Einige der einflussreichsten und bewundernswertesten Persönlichkeiten der Geschichte haben nicht nur mit ihren Ideen und Visionen die Welt verändert, sondern auch, indem sie ihre moralischen Überzeugungen in ihrem Handeln umgesetzt haben. Rosa Parks und Malala Yousafzai sind zwei herausragende Beispiele dafür, wie Menschen durch den authentischen Einsatz für ihre Werte die Gesellschaft tiefgreifend verändert haben.

In den folgenden Abschnitten werden wir anhand der bewegenden Geschichte von Rosa Parks schildern, wie ihre unerschütterlichen Überzeugungen von Gleichberechtigung und Menschenwürde nicht nur ihr Leben, sondern auch den Lauf der Geschichte beeinflussten. Ihre Courage und ihre Entschlossenheit im Kampf gegen die Rassentrennung in den USA inspirierten Millionen Menschen und ebneten den Weg für die Bürgerrechtsbewegung. Die Lebensgeschichte von Rosa Parks verdeutlicht eindrucksvoll, wie Einzelne durch gelebte Werte die Welt verändern können.

Eine Geschichte gelebter Werte: Die Welt stand auf, als Rosa Parks sitzen blieb

Es war ein kalter Dezembertag im Jahr 1955, als Rosa Parks in Montgomery, Alabama, in einen öffentlichen Bus stieg. Die 42-jährige Näherin ahnte nicht, dass dieser Tag ihr Leben für immer verändern würde.

Wie üblich saß Rosa auf einem der Plätze für Farbige im hinteren Teil des Busses. Als der Bus an einer Haltestelle mehr Fahrgäste aufnahm, forderte der Busfahrer Rosa auf, ihren Sitz einem weißen Fahrgast zu überlassen. Doch Rosa weigerte sich standhaft, ihren Platz zu räumen.

In diesem Moment wurde Rosa von tiefer Entschlossenheit erfüllt. Sie wusste, dass es falsch war, Afroamerikaner – wie sie selbst – aufgrund ihrer Hautfarbe zu benachteiligen und zu diskriminieren. Diese Ungerechtigkeit hatte sie ein Leben lang ertragen müssen. Aber an jenem Tag wollte sie endlich ein Zeichen setzen.

Obwohl der Busfahrer ihr drohte blieb Rosa sitzen. Schließlich holte der Fahrer die Polizei, die Rosa festnahm und wegen Ungehorsams gegenüber einem Beamten anklagte. Doch Rosa Parks ließ sich nicht von ihren Überzeugungen abbringen. Sie war bereit, dafür einzustehen und die Konsequenzen zu tragen.

Die Verhaftung Rosa Parks' löste in der afroamerikanischen Gemeinschaft Montgomerys einen Sturm der Entrüstung aus. Bürgerrechtler riefen zum Boykott der Buslinien auf, um gegen die Diskriminierung zu protestieren. Über 380 Tage lang verweigerten die Schwarzen Montgomerys die Nutzung der Stadtbusse.

Rosa Parks' mutiger Akt der Zivilcourage führte zu einer landesweiten Bürgerrechtsbewegung. Ihr Einsatz für Gleichberechtigung und Menschenwürde inspirierte Millionen Afroamerikaner, sich für ihre Rechte einzusetzen. Ihre Vision einer gerechteren, freieren Gesellschaft motivierte sie, entschlossen für ihre Werte einzustehen – bis hin zu entscheidenden Siegen wie der Aufhebung der Rassentrennung 1964.

Rosa Parks' couragierter Protest an jenem 1. Dezember war

weit mehr als nur eine spontane Entscheidung. Nein, er entsprang aus tief verwurzelten Überzeugungen wie Gleichheit, Menschenrechten und dem Widerstand gegen Diskriminierung. Ihr Einsatz veränderte nicht nur die Geschichte, sondern inspiriert bis heute Menschen weltweit, für ihre Werte einzustehen.

Eine Stimme für die Rechte der Mädchen: Das mutige Vermächtnis von Malala Yousafzai

Ungefähr 50 Jahre später sollte eine junge Frau aus Pakistan in ähnlicher Weise zur Symbolfigur eines weltweiten Kampfes für Frauenrechte und Bildungsgerechtigkeit werden. Die Rede ist von Malala Yousafzai.

Wie Rosa Parks vertrat auch Malala die Werte der Menschenwürde, Gleichberechtigung und Gerechtigkeit – allerdings mit einem anderen historischen und geografischen Hintergrund. Auch sie weigerte sich, die systematische Unterdrückung ihrer Rechte hinzunehmen und erhob mutig ihre Stimme.

Malala kämpfte in ihrer Heimat Pakistan gegen die Taliban, die Mädchen den Zugang zu Bildung verwehrten und das Hören von Musik, das Tanzen und das unverschleierte Betreten von öffentlichen Räumen verboten. Sie riskierte ihr Leben, um insbesondere für das Recht aller Mädchen auf Schulbesuch einzutreten. Wie Rosa Parks zeigte auch Malala eine außergewöhnliche Entschlossenheit und Standhaftigkeit im Widerstand gegen Unrecht.

Es war ein Morgen im Oktober 2012, als die 15-jährige Malala Yousafzai den Schulbus in ihrer Heimatstadt Mingora in Pakistan bestieg. Auf dem Weg zur Schule ahnte sie noch nicht, dass dieser Tag ihr Leben für immer verändern würde.

Malala war eine außergewöhnliche junge Frau, die sich bereits seit ihrer Kindheit leidenschaftlich für Frauenrechte und das Recht auf Bildung engagierte. In ihren mutigen Reden und Interviews hatte sie sich vehement gegen die Unterdrückung von Mädchen durch die Taliban-Herrschaft gewehrt. Ihre Worte hatten weltweit Aufmerksamkeit erregt.

Doch an diesem Oktobertag verübten Terroristen einen Anschlag auf Malala. Als der Schulbus anhielt, eröffneten Kämpfer der Taliban das Feuer und schossen Malala gezielt in den Kopf. Sie wurde schwer verletzt ins Krankenhaus gebracht – die Ärzte kämpften um ihr Leben.

Doch Malala gab nicht auf. Sie überlebte und statt eingeschüchtert zu sein, setzte sie ihren Einsatz für das Recht auf Bildung für Mädchen und für die Rechte der Frauen mit noch größerer Entschlossenheit fort. "Niemand kann mich stoppen", verkündete sie. "Ich werde weiter für meine Rechte kämpfen."

Malalas unerschütterlicher Mut, ihre Beharrlichkeit und ihr Friedensappell inspirierten Menschen weltweit. Sie wurde zur Ikone des Widerstands gegen Unterdrückung und Gewalt. 2014 erhielt sie im Alter von nur 17 Jahren den Friedensnobelpreis – sie war die jüngste Preisträgerin aller Zeiten.

Bis heute setzt sich Malala unermüdlich dafür ein, dass Mädchen auf der ganzen Welt die gleichen Bildungschancen wie Jungen erhalten. Sie wurde zur Symbolfigur einer globalen Bewegung für Frauenrechte und Chancengleichheit. Ihre Geschichte zeigt, dass Mut, Vision und Entschlossenheit Berge versetzen können. Außerdem ist Malala davon überzeugt, dass Glück entsteht, wenn man für wichtige Anliegen kämpft und einen Unterschied im Leben anderer macht.

Beide Frauen – Rosa Parks und Malala Yousafzai – wurden zu moralischen Autoritäten, die weltweit Menschen motivierten, sich für ihre Überzeugungen einzusetzen. Ihre Geschichten veränderten nicht nur ihre eigenen Leben zum Positiven, sondern zeigen, wie viel ein einzelner Mensch bewirken kann, wenn er oder sie für die richtigen Überzeugungen einsteht, denn Werte wie Freiheit, Gerechtigkeit und Menschenwürde haben über die Grenzen sämtlicher Länder hinweg Gültigkeit.
Rosa Parks und Malala Yousafzai sind sowohl Symbol als auch Vorbild für den friedlichen Kampf gegen Unterdrückung und für die universellen Rechte der Menschheit. Ihre couragierten Taten haben Geschichte geschrieben und machen sie zu Heldinnen des Widerstands gegen Diskriminierung.

Nein, du musst nicht die Welt verändern oder gar retten, um dein Glück zu finden. Es geht nur darum, sich für seine Werte und Ziele einzusetzen – egal, wie groß oder klein sie auch sein mögen. Letztlich ist es genau dieses Leben von

Überzeugungen, die den Menschen glücklich macht – mehr als der bloße Besitz materieller Güter oder der Genuss flüchtiger Vergnügungen. Denn wahres Glück entsteht, wenn wir Sinn und Erfüllung in unseren Taten finden und uns für etwas engagieren, das größer ist als wir selbst. Malalas und Rosas Geschichten lehren uns, dass Werte nicht nur unsere Würde stärken, sondern auch unser Glück fördern.

Es sind die vermeintlich unscheinbaren Entscheidungen
am Tisch, die das Wohlbefinden von Körper
und Geist beeinflussen

Kapitel 6

Glücklich durch gesunde Ernährung – Wie unsere Essgewohnheiten unser Wohlbefinden beeinflussen

Nun hast du deine Werte definiert und weißt, wie wichtig sie für ein zufriedenes Leben sind. Deshalb wollen wir jetzt einen weiteren spannenden Aspekt betrachten: deine Ernährung. Denn das, was du isst, hat einen direkten Einfluss auf dein Wohlbefinden – und damit auch auf dein Glück.

Stell dir vor, du setzt deine Werte nicht nur im Alltag um, sondern auch auf dem Teller. Eine gesunde Ernährung ist weit mehr als nur eine Frage des Geschmacks – sie kann dein Leben entscheidend bereichern.

In diesem Kapitel werfen wir einen Blick auf die Nahrungsmittel, die nicht nur deinen Körper stärken, sondern auch deine Stimmung heben können. Wir erkunden nun gemeinsam, wie du durch bewusste Essgewohnheiten deine Lebensfreude steigern und dein Glück fördern kannst. Denn das, was du isst, spiegelt wider, was dir wichtig ist – und eine gesunde Ernährung ist ein weiterer Schritt auf deinem Weg zu einem erfüllten Leben.

Die Wissenschaftler der *University of Warwick* haben in einer umfangreichen Studie untersucht, wie sich der tägliche Konsum von Obst und Gemüse auf das psychische Wohlbefinden und die Zufriedenheit auswirkt. Diese Studie wurde von Professor Andrew Oswald vom *Warwick Economics Department* und Dr. Redzo Mujcic von der *University of Queensland* geleitet.

Mehr als 12.000 zufällig ausgewählte Probanden wurden über einen Zeitraum von zwei Jahren beobachtet. Die Teilnehmer führten genaue Tagebücher über ihre Ernährung und ließen zudem regelmäßig ihr psychisches Wohlbefinden messen. Die Ergebnisse waren äußerst interessant:

Je mehr Portionen Obst und Gemüse die Studienteilnehmer täglich zu sich nahmen, desto glücklicher und zufriedener fühlten sie sich. Die ideale Menge lag laut den Forschern bei etwa acht Portionen pro Tag. Menschen, die von einem sehr geringen Obst- und Gemüsekonsum auf acht Portionen pro Tag umstiegen, erlebten eine Steigerung ihrer Lebenszufriedenheit, die sogar vergleichbar war mit dem Wechsel von der Arbeitslosigkeit in eine Anstellung.

Die Verbesserungen des mentalen Wohlbefindens traten dabei sehr schnell ein – innerhalb von nur 24 Monaten nach der Ernährungsumstellung. Im Gegensatz dazu zeigen sich die physischen Vorteile einer gesunden Ernährung, wie beispielsweise der Schutz vor Krebs, oft erst Jahrzehnte später.

"Der Verzehr von Obst und Gemüse steigert offenbar unser Glück viel schneller, als dass es die Gesundheit des Menschen verbessert", erklärte der britische Professor Oswald laut Pressemitteilung. "Das könnte die Motivation der Menschen, sich gesund zu ernähren, deutlich erhöhen." Die Studie der *Warwick*-Forscher beweist, dass eine ausgewogene, ballaststoffreiche Ernährung nicht nur unserer körperlichen, sondern auch unserer psychischen Gesundheit zuträglich ist. Eine einfache Umstellung unseres Essverhaltens könnte uns demnach glücklicher und zufriedener machen.

Eine weitere Studie, die beweist, dass die Ernährung mit dem Glücksempfinden zusammenhängt, ist die *Whitehall*-Studie.

Die *Whitehall*-Studie war eine wegweisende Langzeituntersuchung, die vom britischen „*Forschungsinstitut für öffentliche Gesundheit*" durchgeführt wurde. In dieser Studie wurde über viele Jahre hinweg die mentale Gesundheit von über 10.000 Angestellten des öffentlichen Dienstes in Großbritannien beobachtet. Besonderes Augenmerk legten die Wissenschaftler dabei auf den Zusammenhang zwischen Ernährungsgewohnheiten und psychischer Gesundheit. Sie untersuchten, ob bestimmte Ernährungsmuster mit einem erhöhten oder verringerten Risiko für Depressionen und Angstzustände korrelieren.

Die Ergebnisse waren bemerkenswert: Diejenigen Probanden, die sich überwiegend mediterran ernährten – also viel Olivenöl, Nüsse, Vollkornprodukte und Ballaststoffe zu sich nahmen – wiesen ein deutlich geringeres Risiko für psychische Erkrankungen auf. Im Vergleich zu Personen mit weniger gesunder Ernährungsweise hatten sie ein um 30% niedrigeres Depressionsrisiko.

Die Forscher führten dies vor allem auf die entzündungshemmenden und stressreduzierenden Eigenschaften der mediterranen Kost zurück. Sowohl Omega-3-Fettsäuren als auch sekundäre Pflanzenstoffe, die in den typischen Lebensmitteln dieser Ernährungsweise zu finden sind, scheinen tatsächlich das Wohlbefinden und die psychische Widerstandsfähigkeit zu stärken.

Die Ergebnisse der *Whitehall*-Studie wurden 2019 in der renommierten Fachzeitschrift "*The Lancet Psychiatry*" veröffentlicht und haben seitdem weltweit für großes Interesse in der Ernährungs- und Gesundheitsforschung gesorgt.

Solltest du nun die Entscheidung getroffen haben, dich zukünftig gesund zu ernähren, dann beachte bitte Folgendes: Eine auf wissenschaftlichen Erkenntnissen basierende, gesundheitsbewusste Ernährung kann eine hervorragende Grundlage bieten, doch die persönliche Abstimmung mit einem Arzt oder Ernährungsberater sorgt dafür, dass spezifische Ansprüche und Ziele berücksichtigt werden. Diese Experten können dabei helfen, einen maßgeschneiderten Ernährungsplan zu entwickeln, der nicht nur gesund ist, sondern auch zu einem positiven Lebensstil und Wohlbefinden beiträgt. So wird sichergestellt, dass die Ernährung optimal auf die individuellen Bedürfnisse abgestimmt ist und langfristig zu einer besseren Gesundheit führt.

Neben der Ernährung spielt jedoch auch regelmäßige körperliche Aktivität eine bedeutsame Rolle für unser Glücksempfinden. Sport und Bewegung können die Stimmung heben und unser mentales Wohlbefinden erheblich stärken. Doch wie dies genau funktioniert und welche konkreten

Sportarten sich besonders positiv auf unsere Psyche auswirken, werden wir im nächsten Kapitel genauer unter die
Lupe nehmen.

Ein glückliches Leben beginnt mit der Wertschätzung der
eigenen Gesundheit

Ein gesunder Geist in einem gesunden Körper – Der Einfluss von Sport auf unser emotionales Wohlbefinden

In der Tat hat Sport ein enormes Potenzial, unser Glücksgefühl auf vielfältige Weise langfristig zu steigern und unser allgemeines Wohlbefinden nachhaltig zu verbessern.

Zum einen fördert körperliche Aktivität die Ausschüttung von Glückshormonen wie Endorphin, Dopamin und Serotonin. Diese körpereigenen Botenstoffe sorgen nicht nur für ein gesteigertes Wohlbefinden während des Sports, sondern können durch regelmäßiges Training auch dauerhaft auf einem höheren Niveau gehalten werden. So entsteht ein positiver Kreislauf, bei dem wir uns nach jeder Trainingseinheit glücklicher und zufriedener fühlen.

Zum anderen hilft Sport dabei, Stress abzubauen und unsere Resilienz zu stärken. Durch die Anspannung und Entspannung beim Sport lernen wir, mit Druck und Belastung besser umzugehen. Wir werden weniger anfällig für Depressionen, Ängste und andere psychische Beanspruchungen, was sich äußerst positiv auf unser Glücksempfinden auswirkt.

Auch das gesteigerte Selbstbewusstsein, das wir durch Erfolgserlebnisse im Sport erlangen, trägt langfristig zu unserem Wohlbefinden bei. Wir lernen unsere Fähigkeiten und unseren Körper besser kennen und das, was unser Selbstbild und unsere Selbstakzeptanz nachhaltig stärkt, wertzuschätzen. Aber wie funktioniert das? Wenn wir unseren Körper fordern und Fortschritte sehen, wächst unser Selbstvertrauen und unsere Zufriedenheit. Wir gewinnen mehr Kontrolle über unser Leben und entwickeln dadurch ein positiveres Körperbild. Das wiederum stärkt unser allgemeines Wohlbefinden und unsere Zufriedenheit nachhaltig.

Die Tatsache, dass Sport unsere kognitiven Fähigkeiten – das sind die Fähigkeiten, Signale aus der Umwelt wahrzunehmen und weiterzuverarbeiten – verbessert, kann sich ebenfalls langfristig positiv auf unser Glücksempfinden auswirken. Körperliche Bewegung regt die Durchblutung und Sauerstoffversorgung von dem Teil des Gehirns, das Kreativität, Konzentration und Lernfähigkeit fördert, an. So können wir Herausforderungen im Studium, im Beruf oder im Privatleben besser meistern, was wiederum unser Selbstbewusstsein und unsere Lebensfreude steigert.

Nicht zuletzt bietet Sport eine willkommene Abwechslung vom anstrengenden Alltag und ermöglicht uns, neue Erfahrungen zu sammeln. Ob beim Wandern in der Natur, beim Klettern in den Bergen oder beim Schwimmen – die Entdeckung neuer Sportarten und Bewegungsformen bereichert unser Leben und lässt uns neue Perspektiven gewinnen. Und das wiederum steigert unser Glücksempfinden und macht uns zufriedener.

Darüber hinaus fördert Sport auch den sozialen Austausch und das Knüpfen neuer Freundschaften. Ob Lauftreffs, Pilates-Kurse oder Handball- und Fußballmannschaften – gemeinsame sportliche Aktivitäten binden uns in ein soziales

Netzwerk ein und geben uns das Gefühl von Zugehörig-keit, was sich ebenfalls positiv auf unser Glücksempfinden auswirkt.

Sport macht glücklich – das ist in der Tat wissenschaftlich erwiesen. Insbesondere Ausdauersportarten wie Laufen, Radfahren oder Schwimmen können nicht nur unsere Lebensfreude steigern, sondern haben sogar in der Therapie depressiver Menschen eine unterstützende Funktion. Dabei kommt es gar nicht darauf an, wie intensiv wir uns verausgaben. Schon ein einfacher, täglicher Zehn-Minuten-Lauf oder 150 Minuten moderate Bewegung pro Woche können unsere Stimmung spürbar heben.

Auch Krafttraining scheint laut aktuellen Studien einen positiven Einfluss auf unsere psychische Gesundheit zu haben. Ob nun Ausdauersport oder Kraftübungen – Bewegung ist der Schlüssel zum Glück.

Zusammengefasst ist Sport also ein höchst wirksames Mittel, um unser mentales langfristig zu steigern und ein glücklicheres und zufriedeneres Leben zu führen.

Welche Sportarten eignen sich besonders, um das Glücksgefühl langfristig zu steigern?

Beginnen wir mit den Ausdauersportarten wie Laufen, Radfahren oder Schwimmen. Diese Aktivitäten sind für deinen Körper zwar herausfordernd, belohnen dich aber mit einem besonderen Erfolgserlebnis. Nach einer schweißtreibenden Radtour oder einen anstrengenden Lauf, hast du das Gefühl, Leistung erbracht und Grenzen überwunden zu haben. Diese Empfindung der Selbstüberwindung und Stärke wirkt sich extrem belebend auf dein Gemüt aus und steigert dein Glücksempfinden nachhaltig.

Darüber hinaus regen Ausdauersportarten die Ausschüttung von Glückshormonen an. Diese Botenstoffe verstärken nicht nur dein Wohlbefinden unmittelbar nach der sportlichen Betätigung, sondern tragen auch langfristig dazu bei, dass du dem stressigen Alltag gelassener begegnest. Du wirst also nicht nur körperlich, sondern auch mental gestärkt.

Ebenso wertvoll sind Yoga und Meditation (Kapitel 4) für dein Glücksempfinden. Diese Techniken, die auf körperlicher, emotionaler und mentaler Ebene wirken, bringen dich in Einklang mit deinem Körper und deiner Seele. Was genau passiert dann in deinem Körper? Durch die intensive Konzentration auf den Atem und die bewusste Wahrnehmung deiner Umgebung schulst du deine Achtsamkeit. Das hilft dir, negative Gedanken und Gefühle loszulassen und stattdessen an innerer Ruhe zu wachsen, zu entspannen, den eigenen Körper intensiv zu spüren und im Hier und Jetzt zu leben.

Auch das Tanzen, sei es nun Ballett, Salsa oder Hip-Hop, kann deine Lebensfreude auf vielfältige Art fördern. Einerseits bringt es deinen Körper in Bewegung und lässt dich Musik und Rhythmus auf intuitive Weise erleben, andererseits hält es dein Gehirn fit, fördert dein Selbstvertrauen und deine Kreativität. Zudem ist der Austausch mit Tanzpartnern oder einer Tanzgruppe in sozialer Hinsicht sehr wertvoll.

Gerade der soziale Aspekt spielt auch bei Mannschafts-sportarten wie Fußball, Basketball oder Handball eine wichtige Rolle. Gemeinsam mit anderen für ein Ziel zu arbeiten, Erfolge zu feiern und Niederlagen zu verkraften – all das schweißt ein Team zusammen und stärkt das Gemeinschaftsgefühl. Diese Zusammengehörigkeit und Verbundenheit sind enorm wichtig für unser Wohlbefinden.

Letztlich können aber auch Kampfsportarten wie Judo oder Karate einen wertvollen Beitrag zur Lebensfreude leisten. Neben der körperlichen Ertüchtigung fördern sie Konzentration, Disziplin und Selbstbeherrschung. Wenn du lernst, ruhig und gelassen auf Provokationen zu reagieren, wächst dein Selbstvertrauen. Und das ist essenziell, um langfristig glücklich und zufrieden zu sein.

Du siehst, es gibt viele unterschiedliche Möglichkeiten, dein Glücksgefühl auf Dauer zu steigern. Probiere verschiedene Sportarten aus, bis du diejenige gefunden hast, bei der du am meisten Spaß und Erfüllung findest. Denn nur dann wird sie zu einer Quelle der Energie und mentalen Hochleistung für dich.

Wie kann ich meine Motivation, regelmäßig Sport zu treiben, am besten aufrechterhalten?

Wenn du regelmäßig Sport betreibst, leistest du einen entscheidenden Beitrag, um langfristig glücklich zu bleiben.

Hier ein paar hilfreiche Tipps:
Zunächst ist es wichtig, dir realistische und erreichbare Ziele zu setzen. Plane nicht zu ambitioniert einfach darauf

los, sondern beginne langsam und steigere dich. Beispielsweise könntest du dir das Ziel setzen, zunächst einmal Mal, dann irgendwann zwei oder sogar drei Mal pro Woche für 20 bis 30 Minuten Sport zu treiben. Wenn dir das gut gelingt, kannst du die Intensität und Dauer sukzessive erhöhen.

Hilfreich wäre außerdem, deinen Alltag so umzustrukturieren, dass regelmäßige Bewegung zu einem festen Bestandteil wird. Reserviere dir fixe Zeitfenster im Kalender für deine sportlichen Tätigkeiten und mache sie auf diese Weise zu einer Routine. Integriere den Sport auch in deinen täglichen Ablauf, indem du beispielsweise mit dem Rad zur Arbeit fährst oder in deiner Mittagspause einen kurzen Spaziergang machst.

Ein weiterer Tipp wäre, dir Unterstützung zu suchen. Finde Sportpartner, mit denen du dich zu gemeinschaftlichen Trainingseinheiten verabreden kannst. Der soziale Austausch und die gegenseitige Motivation können wahre Wunder bewirken. Alternativ kannst du auch an Kursen oder Gruppensportangeboten teilnehmen, um neue Kontakte zu knüpfen.

Letztendlich ist es wichtig, dass du die positiven Effekte deines Sports regelmäßig reflektierst. Denke darüber nach, wie du dich nach dem Training fühlst – ausgeglichen, voller Energie, glücklich? Erinnere dich an diese Gefühle, wenn du mal wieder Motivation benötigst.

Führe ein Trainingstagebuch, um deine Fortschritte zu dokumentieren und deine Erfolgserlebnisse zu verstärken.

Schließlich geht es darum, dass dir der Sport Erfüllung und

Freude bringt und dass du ihn nicht als lästige Pflicht empfindest. Wenn du die richtige Balance zwischen Herausforderung und Spaß findest, wird regelmäßige Bewegung zu
einem festen, wertvollen Bestandteil deines Alltags. Und
davon profitieren nicht nur enorm dein Körper, sondern
auch deine Psyche und dein allgemeines Glücksempfinden.

Muss es nur Sport sein oder reicht Bewegung im All-gemeinen?

Wenn wir Sport treiben, setzt unser Körper verschiedene
Botenstoffe und Hormone frei, die sich äußerst positiv auf
unsere Zufriedenheit auswirken. Dazu gehören vor allem
die schon mehrfach erwähnten Glückshormone. Gleichzeitig werden Stresshormone wie Cortisol unterdrückt. Es ist
daher nicht verwunderlich, dass körperliche Aktivität allge-
mein zu mehr Glück und Zufriedenheit führt.
Bis vor einigen Jahren gab es allerdings noch relativ wenige
belastbare wissenschaftliche Erkenntnisse, die einen Zusammenhang zwischen sportlicher Aktivität und dem
Glücksempfinden bestätigen. Eine groß angelegte Studie
aus dem Jahr 2015 sollte hier Abhilfe schaffen. Dabei wurden Daten von knapp 12.000 Probanden aus 15 europäi-
schen Ländern ausgewertet. Die Teilnehmer sollten ihren
Glückszustand auf einer sechsstufigen Skala einordnen und
Angaben zu ihrer körperlichen Aktivität in verschiedenen
Lebensbereichen machen – zu Hause, im Beruf und in der
Freizeit. Die Ergebnisse wurden um Einflussfaktoren wie
Geschlecht, Alter oder allgemeinen Gesundheitszustand
bereinigt.

So fanden die Wissenschaftler heraus, dass mit zunehmender körperlicher Aktivität auch das Glücksniveau der Probanden stieg und dass diejenigen Probanden am glücklichsten waren, die in drei verschiedenen Lebensbereichen regelmäßig körperlich aktiv waren:

Zu Hause

Hier geht es um Aktivitäten wie Gartenarbeit, Haushaltstätigkeiten oder einfach nur mehr Bewegung im Alltag. Diese "Bewegung zu Hause" scheint eine wichtige Rolle zu spielen.

Im Beruf

Auch wenn man hier naturgemäß etwas weniger Einfluss hat, können schon kleine Dinge wie regelmäßige Bewegungspausen oder der Weg zur Arbeit zu Fuß das Glücksempfinden steigern.

In der Freizeit

Klassische sportliche Aktivitäten wie Joggen, Schwimmen oder Fitnesstraining sind hier natürlich weiterhin sehr wertvoll. Aber auch Freizeitaktivitäten wie Radfahren, Spazierengehen oder Tanzen können einen ähnlichen Effekt haben.

Ein interessanter Aspekt ist, dass es offenbar nicht darauf ankommt, ob die Bewegung im klassischen Sinne "Sport" oder einfach nur Teil des Alltags ist. Entscheidend ist, dass wir regelmäßig unseren Körper in Bewegung bringen — egal, ob zu Hause, im Büro oder in der Freizeit. Daraus lässt sich ableiten, dass wir unser Glücksniveau durchaus selbst beeinflussen können, indem wir lediglich mehr Bewegung in unseren Alltag einbinden. Das muss, wie wir bereits wissen, keine extrem sportliche Leistung sein, sondern kann ganz alltägliche Dinge umfassen. Wichtig ist auf jeden Fall, Bewegung zu einem festen Bestandteil unseres Lebens zu machen.

10 Tipps, um deine Motivation für mehr Bewegung im Alltag aufrechtzuerhalten

1. Finde Aktivitäten, die dir Spaß machen. Wenn du Freude an der Bewegung hast, fällt es dir viel leichter, sie regelmäßig durchzuführen. Probiere verschiedene Dinge aus und entdecke, was dir am meisten zusagt.

2. Setze dir realistische und erreichbare Ziele. Überforderung führt schnell zu Frust und Aufgabe. Beginne lieber klein, zum Beispiel mit einem täglichen 10-minütigen Spaziergang, und steigere dich dann langsam.

3. Binde Bewegung in deinen Alltag ein, anstatt sie als zusätzliche Aufgabe zu sehen. Nutze den Weg zur Arbeit und laufe oder fahre mit dem Rad dorthin, nimm die Treppe statt des Aufzugs oder führe deine Telefonate im Gehen.

4. Finde Mitstreiter und motiviert euch gegenseitig. Sportliche Aktivitäten mit Freunden oder in einer Gruppe machen nicht nur mehr Spaß, sondern motivieren dich auch langfristig.

5. Belohne dich für deine Fortschritte. Kleine Erfolgserlebnisse und Eigenlob sind wichtig, um weiterhin dranzubleiben. Du kannst dir nach einer Woche mit viel Bewegung beispielsweise etwas Schönes gönnen.

6. Sei nachsichtig mit dir selbst. Es ist völlig normal, auch mal eine Auszeit zu nehmen. Wichtig ist, dass du dann einfach wieder einsteigst und weitermachst.

7. Finde deine persönliche Motivation. Überlege dir, was dich dazu bringt, aktiv zu werden – ob es nun deine Gesundheit, dein Aussehen oder einfach nur das gute Gefühl nach dem Training ist. Konzentriere dich auf diese Motivation, wenn du einmal keine Lust hast, Sport zu machen.

8. Schaffe eine sportliche Morgen- oder Abendroutine. So wird es mit der Zeit zu einer Gewohnheit, die du nicht mehr infrage stellst.

9. Nutze Fitness-Tracker oder Tracking-Apps, um deinen Fortschritt zu verfolgen. Das kann äußerst motivierend sein und zeigt dir deine Erfolge auf einen Blick.

10. Hänge dir Bilder von Aktivitäten auf, die dich motivieren, selbst aktiv zu werden.

Mit der richtigen Einstellung und diesen Tricks wirst du sehen, wie leicht es sein kann, Bewegung langfristig in deinen Alltag zu integrieren. Lass dich von deiner Entdeckerfreude leiten und finde deinen ganz persönlichen Weg!

Kapitel 8

Die Kraft der Hobbys - So schaffst du dir mehr Glücksmomente

Neben Sport gibt es noch eine weitere Quelle des Glücks, die für viele Menschen mindestens genauso wertvoll ist – unsere Hobbys. Denn die Forschung zeigt: Wenn wir uns in unserer Freizeit Dingen widmen, die uns wirklich erfüllen und Spaß machen, kann das unser gesamtes Wohlbefinden deutlich verbessern.

Aber warum sind Hobbys so wichtig? Psychologen haben herausgefunden, dass Hobbys einen dreifachen Glückseffekt haben: Zum einen fördern sie wie beim Sport unser Selbstvertrauen, wenn wir in unseren Aktivitäten, die uns wichtig sind, Erfolge verzeichnen können. Zum anderen helfen sie uns, Stress abzubauen und zu entspannen. Und nicht zuletzt stärken sie unsere sozialen Kontakte und fördern neue Freundschaften, wenn wir Gleichgesinnte treffen.

Ob nun kreative Betätigungen wie Zeichnen, Musizieren oder Handarbeit, mentale Herausforderungen wie das Lösen von Rätseln oder das Spielen von cleveren Brettspielen wie Schach, oder auch körperliche Hobbys wie Gartenarbeit oder Tanzen – sie alle haben eines gemeinsam: Sie lassen uns für eine Weile ganz in der Gegenwart versinken und schenken uns die so wertvollen Auszeiten vom Alltagsstress.

Tauchen wir noch tiefer in die Welt der Hobbys ein und

erkunden, wie genau sie uns glücklich machen können.

Zahlreiche Studien haben inzwischen belegt, dass Aktivitäten in unserer Freizeit eine Vielzahl positiver Effekte auf unser psychisches Wohlbefinden haben. Zum einen fördern Hobbys unser Selbstwertgefühl. Wenn wir in etwas, das uns wichtig ist, Fortschritte machen und Erfolgserlebnisse haben, stärkt das enorm unser Selbstvertrauen. Egal, ob wir unsere Geschicklichkeit beim Jonglieren verbessern, eine neue Technik beim Klavierspiel meistern oder unsere Fertigkeiten in einem Computerspiel ausbauen – jede Leistung, die wir selbst als wertvoll einstufen, gibt unserer Psyche einen kräftigen Schub.

Zum anderen bieten Hobbys eine willkommene Ablenkung vom Alltagsstress. Besonders interessant sind dabei die Erkenntnisse aus der "*Flow-Forschung*". Wissenschaftler haben herausgefunden, dass wir in solchen flow-ähnlichen Zuständen ein Gefühl von Zeitlosigkeit und mental völliger Vertiefung, der vollkommenen Konzentration, erleben. Wir sind ganz im derzeitigen Augenblick versunken. Unser Selbstbewusstsein wächst, Ängste und Sorgen treten in den Hintergrund – eine perfekte Rezeptur für Glück und Zufriedenheit. Denn wenn wir uns ganz auf eine Tätigkeit konzentrieren, die uns Freude bereitet, schalten wir für eine Weile vollständig ab und sind ganz bei uns und unserem Hobby. Unser Gehirn wird förmlich "abgekoppelt" vom ständigen Nachdenken und Multitasking. Und das führt zum sogenannten "Flow-Erlebnis" – ein als beglückend erlebtes Gefühl eines psychischen Zustandes völliger Konzentration und restlosen Aufgehens in einer Aktivität („Absorption"). In diesem Flow fühlen wir uns befreit von

Ängsten und Sorgen und können neue Kraft tanken.

Nicht zuletzt stärken Hobbys auch unsere sozialen Kontakte. Viele von ihnen – sei es nun Segeln, Brettspiele oder im Chor singen – bringen uns mit Gleichgesinnten zusammen. Wir knüpfen neue Bekanntschaften, vertiefen bestehende Freundschaften und bauen ein Netzwerk auf. Das wiederum fördert unser Zugehörigkeitsgefühl und unser Empfinden von Sinnhaftigkeit enorm.

Ob nun Hobbyküche, Fotografie oder Puzzeln – es gibt schier unendlich viele Möglichkeiten, unsere Freizeit sinnvoll und erfüllend zu gestalten. Finde heraus, welche Interessen du hast, und entdecke neue Leidenschaften. Denn eines ist sicher: Je mehr wir unsere Hobbys pflegen, desto glücklicher werden wir. Kein Wunder also, dass glückliche Menschen in der Regel auch sehr aktiv in ihrer Freizeit sind!

Egal, ob du glaubst, dass du es kannst, oder du glaubst,
dass du es nicht kannst - du hast immer recht!
(*Henry Ford*)

Kapitel 9

Höher, weiter, stärker – Der Glaube kann Berge versetzen

Der Glaube an sich selbst ist einer der wichtigsten Faktoren für den Erfolg im Leben. Erst wenn wir an unsere eigenen Fähigkeiten und unser Potenzial glauben, können wir die Dinge wirklich erreichen, von denen wir träumen. In den folgenden Beispielen werden wir sehen, wie Menschen, die an sich geglaubt haben, Außergewöhnliches erreichen konnten. Diese Geschichten sollen uns inspirieren, ebenfalls an uns selbst zu glauben und scheinbare Grenzen zu überwinden.

Helen und ihr unerschütterlicher Glaube

Helen Keller verlor im Alter von 19 Monaten aufgrund einer schweren Erkrankung ihr Gehör und Augenlicht. Doch durch ihre Entschlossenheit und ihren unbeugsamen Willen, ein selbstbestimmtes Leben zu führen, meisterte sie diese Widrigkeiten. Mit der Unterstützung ihrer engagierten Lehrerin Anne Sullivan erlernte Keller die Braille-Schrift und Gebärdensprache und wurde zu einer erfolgreichen Autorin, Rednerin und Aktivistin für die Rechte von Menschen mit Behinderungen. Ihre Geschichte inspirierte Millionen von Menschen weltweit und zeigt, dass der Glaube an die eigenen Fähigkeiten Wunder bewirken kann.

Die unglaubliche Geschichte des Nic Vujicics

Eine ähnliche Geschichte der Überwindung von Herausforderungen finden wir in Nick Vujicics Lebensweg.

Nick Vujicic kam ohne Arme und Beine zur Welt, doch anstatt sich von seinem Schicksal entmutigen zu lassen, entwickelte er eine außergewöhnliche mentale Stärke und einen starken Glauben an sich selbst. Er überwand seine Ängste und Selbstzweifel und verwandelte sein vermeintliches Unglück in eine Quelle der Inspiration für andere. Er reist um die Welt und ermutigt Menschen, ihre Herausforderungen anzunehmen und ihr volles Potenzial auszuschöpfen. Seine Geschichte zeigt, dass der Glaube an die eigene Kraft das Leben verändern kann.

Wie Helen Keller und Nick Vujicic bewies auch Joanne Rowling, dass Ausdauer, Leidenschaft und Selbstvertrauen die Schlüssel zum Erfolg sind – auch wenn der Weg dorthin nicht immer einfach ist.

Joanne und ihre Bücher

Bevor Joanne K. Rowling als Autorin der Harry-Potter-Reihe zu Weltruhm gelangte, durchlitt sie schwierige Zeiten. Als alleinerziehende Mutter lebte sie von der Sozialhilfe und musste persönliche Rückschläge verkraften. Doch anstatt ihren Traum vom Schreiben aufzugeben, fand sie Inspiration in ihrer Vorstellungskraft und arbeitete hart daran, ihr Manuskript zu veröffentlichen. Trotz vieler Ablehnungen gab sie nicht auf und wurde schließlich zu einer der erfolgreichsten Autorinnen der Welt. Rowlings Geschichte zeigt, dass Ausdauer, Leidenschaft und der Glaube an die eigenen Fähigkeiten den Weg zum Glück ebnen können.

Die Geschichten dieser inspirierenden Persönlichkeiten haben eines gemeinsam: Trotz schwieriger Umstände und Rückschläge glaubten sie an ihre Fähigkeiten, ihre Träume und ihr Potenzial, ein erfülltes Leben zu führen. Ob es der Verlust der Sinne, eine Behinderung oder wirtschaftliche Probleme waren – sie ließen sich nicht entmutigen, sondern nutzten ihre innere Kraft, um das vermeintliche Unglück in Glück und Erfolg zu verwandeln. Ihre Geschichten zeigen, dass der Glaube an sich selbst der Schlüssel zum Glück sein kann. Wenn wir an unsere Stärken glauben, unsere Träume verfolgen und durchhalten, können wir die größten Herausforderungen meistern und ein selbstbestimmtes, glückliches Leben führen – ganz gleich, welche Hindernisse uns im Weg stehen.

5 Übungen für einen glücklicheren Mindset

Achtsamkeitsübungen

Regelmäßige Meditation und Achtsamkeitsübungen helfen uns, im Hier und Jetzt zu verweilen und uns bewusst auf unsere Stärken und Fähigkeiten zu konzentrieren. Statt ständig über Vergangenes nachzugrübeln oder uns um die Zukunft zu sorgen, lernen wir, den Moment voll und ganz wahrzunehmen. Das schafft innere Ruhe und Klarheit, die unser Selbstvertrauen stärken.

Beispiele:

- Morgenroutine mit 10-minütiger Meditation (Kapitel 4)
- Bewusstes Essen ohne Ablenkung, um alle Sinne zu schärfen
- Spazierengehen in der Natur und alle Eindrücke bewusst wahrnehmen

Positive Selbstgespräche

Wir alle haben eine innere Stimme, die uns manchmal mit negativen Gedanken und Zweifeln quält. Stattdessen sollten wir uns bewusst daran erinnern, was wir bereits erreicht haben. Positive Selbstgespräche, in denen wir uns unserer Stärken, Talente und Erfolge vergewissern, helfen dabei, den Blick auf das Positive zu richten. So bauen wir ein stabiles Fundament an Selbstakzeptanz und -wertschätzung auf.

Beispiele:

- "Ich habe die letzte Präsentation sehr gut gemeistert, darauf kann ich stolz sein."
- "Ich bin trotz der Herausforderungen bisher gut durch die Ausbildung gekommen."
- "Ich habe schon so viele Ziele erreicht, das macht mich für die Zukunft zuversichtlich."

Kleine Erfolgserlebnisse feiern

Erfolge, egal wie groß oder klein, tragen dazu bei, unser Selbstvertrauen zu stärken. Indem wir uns diese Momente bewusst machen und feiern, bestärken wir uns in unseren Fähigkeiten. Sei es das Erreichen eines Tagesziels, das Meistern einer Herausforderung oder der Abschluss eines Projekts – jeder Erfolg, den wir uns bewusst machen, gibt unserem Selbstbild einen Schub.

Beispiele:

- Nach dem Abschluss eines wichtigen Projektes mit Freunden/Familie anstoßen
- Beim Erreichen eines sportlichen Ziels eine kleine Belohnung gönnen
- Sich selbst für das Erledigen einer lästigen Aufgabe loben

Herausforderungen annehmen

Anstatt Hürden und Schwierigkeiten zu meiden, sollten wir sie als Chance zur persönlichen Weiterentwicklung begreifen. Jede gemeisterte Herausforderung, sei es im Beruf, in der Ausbildung oder im Privatleben, stärkt unser Selbstvertrauen. Wir lernen, dass wir Probleme lösen und Ziele erreichen können – eine wichtige Erkenntnis, die unser Vertrauen in uns selbst festigt.

Beispiele:

- Sich für eine neue, verantwortungsvollere Stelle bewerben
- Ein neues Hobby wie Kochen oder Instrumentenspiel erlernen
- Eine Rede oder Präsentation vor Publikum halten

Soziale Unterstützung nutzen

Der Austausch und die Ermutigung durch Menschen, die an uns glauben, können ebenfalls einen großen Beitrag dazu leisten, den Glauben an uns selbst zu stärken. Ob Familie, Freunde oder Mentoren – der Rückhalt und die positiven Rückmeldungen von Menschen, die uns unterstützen, geben unserem Selbstvertrauen einen wichtigen Schub.

Beispiele:

- Regelmäßige Treffen mit Freunden, die an einen glauben
- Ein Mentoren-Programm in Anspruch nehmen
- Sich Feedback von vertrauenswürdigen Personen einholen

Durch das Umsetzen dieser Beispiele können wir Schritt für Schritt unser Selbstvertrauen stärken und an unserer Persönlichkeitsentwicklung arbeiten. Wichtig ist, dass wir dabei geduldig und liebevoll mit uns selbst umgehen.

Kapitel 10

Verändere dich und verändere dann das Leben anderer

Eines der größten Geheimnisse für ein erfülltes und glückliches Leben ist es, nicht nur an sich selbst zu arbeiten, sondern auch anderen Menschen zu helfen und ihr Leben zu verbessern. Wenn wir uns darauf konzentrieren, wie wir uns selbst weiterentwickeln und gleichzeitig einen positiven Einfluss auf unser Umfeld haben, können wir erstaunliche Dinge bewirken – sowohl für uns selbst als auch für andere.

Der erste Schritt ist es, dein eigenes Leben zu verbessern und an dir selbst zu arbeiten. Identifiziere die Bereiche, in denen du wachsen möchtest – sei es beruflich, finanziell, körperlich oder emotional. Entwickle einen Plan, um dich in diesen Bereichen voranzubringen und dein Potenzial voll auszuschöpfen. Je mehr du an dir selbst arbeitest und dein Leben in Ordnung bringst, desto mehr wirst du in der Lage sein, auch anderen zu helfen.

Als nächstes solltest du dich aktiv in deiner Gemeinschaft einbringen. Suche nach Möglichkeiten, dich zu engagieren – etwa bei einer gemeinnützigen Organisation, indem du als Mentor für jüngere Menschen tätig wirst oder einfach, indem du deine Nachbarn unterstützt, wo es nötig ist. Denn wenn du anderen hilfst, nimmst du den Fokus von deinen eigenen Problemen und gewinnst neue Perspektiven.

Zudem ist es wichtig, dein Wissen und deine Erfahrungen mit anderen zu teilen. Im Laufe deines Lebens hast du sicher viele wertvolle Erkenntnisse und Fähigkeiten gewonnen. Überlege, wie du dieses Wissen an andere weitergeben kannst – zum Beispiel als Redner, durch das Anbieten von Workshops oder die Leitung von Mentorenprogrammen. Dein Beitrag kann Menschen dabei helfen, Hindernisse zu überwinden und ihr Leben positiv zu verändern.

Ein Beispiel wäre eine alleinerziehende Mutter, die sich selbst aus finanziellen Schwierigkeiten befreit hat und anderen Müttern in ähnlichen Situationen Rat und Unterstützung anbietet. Oder ein ehemaliger Drogensüchtiger, der seine Sucht überwunden hat, und nun anderen Betroffenen als Mentor dient und ihnen zeigt, dass ein clean-Leben möglich ist. Auch eine Führungskraft, die gelernt hat, mit Stress umzugehen, könnte Workshops zum Thema Achtsamkeit und Work-Life-Balance anbieten.

Wenn wir uns darauf konzentrieren, nicht nur uns selbst, sondern auch andere zu verbessern, erweitert sich unser Blickfeld und wir erkennen, dass unser Glück eng mit dem Glück anderer verbunden ist. Indem wir anderen helfen, ihre Probleme zu lösen und ihre Träume zu verwirklichen, machen wir nicht nur ihr Leben besser, sondern erfüllen auch unser eigenes Leben mit Sinn und Erfüllung. Die Freude und Dankbarkeit, die wir von anderen erhalten, schenkt uns wiederum neue Energie und Motivation, unser Leben weiter zu verbessern. So entsteht ein positiver Kreislauf des Glücks für alle Beteiligten.

Beispiele, wie man anderen konkret dabei helfen kann, ihr Leben zu verbessern

Mentoring und Coaching

Biete dein Wissen und deine Erfahrung an, um anderen in ähnlichen Situationen als Mentor oder Coach zur Seite zu stehen. Unterstütze sie dabei, ihre Ziele zu definieren, Herausforderungen zu überwinden und nächste Schritte zu planen. Motiviere sie, ihr Potenzial auszuschöpfen und Fortschritte in wichtigen Lebensbereichen zu machen.

Emotionale Unterstützung

Sei ein guter Zuhörer und biete ein offenes Ohr für Menschen, die jemanden zum Reden brauchen. Zeige Mitgefühl und Verständnis, auch in schwierigen Lebenssituationen. Motiviere und ermutige andere, denn das gibt ihnen Hoffnung und Zuversicht.

Praktische Hilfe im Alltag

Erledige Aufgaben oder Besorgungen für Menschen, die Unterstützung brauchen, z.B. ältere Nachbarn, alleinerziehende Eltern oder Menschen mit Behinderung. Hilf beim Einkaufen, Putzen, Reparieren oder bei der Kinderbetreuung. Entlaste sie von Aufgaben, die für sie sehr schwierig sind.

Finanzielle Unterstützung

Spende Geld oder gib Sachspenden an gemeinnützige Organisationen, die Menschen in Notlagen unterstützen.

Oder beteilige dich an Crowdfunding-Kampagnen, um jemanden bei der Finanzierung eines wichtigen Vorhabens zu unterstützen. Oder biete zinslose Darlehen an, um jemandem aus einer schwierigen finanziellen Situation zu helfen.

Bildung und Weiterbildung

Teile dein Fachwissen, indem du Workshops, Kurse oder Vorträge anbietest. Stelle dein Wissen z.B. über Lerntechniken oder Karriereplanung zur Verfügung. Ermögliche Stipendien oder Zugang zu Weiterbildungsangeboten.

Wichtig ist, die individuellen Bedürfnisse und Herausforderungen der Menschen zu verstehen und dann nach Möglichkeiten zu suchen, wie du konkret und nachhaltig helfen kannst. Meist sind es die kleinen Gesten, die den großen Unterschied machen.

Kapitel 11

Positiv denken – Wie Affirmationen dein Glück stärken

Eines der wichtigsten Werkzeuge, um dein Glück zu stärken, sind Affirmationen. Affirmationen sind starke, positive Aussagen, die du verwendest, um deine Überzeugungen und Gedanken zu beeinflussen. Sie dienen dazu, eine positive Denkweise zu fördern und helfen dir, dein Selbstbewusstsein zu stärken, deine Motivation zu erhöhen und deine Ziele zu erreichen. Diese kurzen, prägnanten Sätze haben die Kraft, dein Mindset und deine grundlegende Lebenseinstellung enorm zu verändern. Wenn du sie regelmäßig sprichst, wiederholst und verinnerlichst, können sie dein gesamtes Leben positiv beeinflussen.

Und wie genau funktionieren Affirmationen für dich?

Ganz einfach: Sie beeinflussen direkt dein Unterbewusstsein und formen allmählich neue neuronale Synapsen in deinem Gehirn. Anstatt dich von selbstlimitierenden, negativen Glaubenssätzen einschränken zu lassen, stärken Affirmationen dein Selbstvertrauen, deinen Optimismus und dein lösungsorientiertes Denken.

Studien belegen die Wirksamkeit von Affirmationen: Eine Untersuchung der *University of Pennsylvania* ergab beispielsweise, dass Teilnehmer, die täglich Affirmationen wiederholten, im Verlauf von vier Wochen signifikant weniger Stress und mehr Lebenszufriedenheit berichteten.

Eine weitere Studie des *Journal of Personality and Social Psychology* zeigte, dass positive Selbstgespräche – also eine Form von Affirmationen – die Stressresistenz und kognitive Leistungsfähigkeit steigern können. Die Studienteilnehmer zeigten nach der Praxis verbesserte Konzentrations- und Problemlösungsfähigkeiten.

Diese Erkenntnisse machen deutlich, wie tiefgreifend Affirmationen das Denken, Fühlen und Verhalten beeinflussen können. Indem sie unser Gehirn und unsere Physiologie positiv umformen, verschaffen sie uns mehr innere Stärke, Stabilität und Ausgeglichenheit.

Was genau passiert in deinem Körper, wenn du Affirmationen sprichst?

Wenn du Affirmationen sprichst, passiert in deinem Gehirn eine Menge Positives. Zunächst einmal ermöglicht es die Neuroplastizität deines Gehirns, sich durch Erfahrungen ständig zu verändern. Wenn du regelmäßig Affirmationen wiederholst, schaffst du neue neuronale Verbindungen, die positive Gedankenmuster verstärken. Außerdem wird dein Belohnungssystem aktiviert. Jedes Mal, wenn du positive Gedanken äußerst, wird Dopamin ausgeschüttet, ein Neurotransmitter, der mit Freude und Motivation verbunden ist. Das hilft dir, dich besser zu fühlen und motivierter zu handeln. Ein weiterer wichtiger Aspekt ist die Stressreduktion. Das Sprechen von Affirmationen kann helfen, Stress abzubauen, indem es die Ausschüttung von Cortisol, dem Stresshormon, verringert. Du fühlst dich entspannter und bist besser in der Lage, mit Herausforderungen umzugehen. Darüber hinaus kannst du durch die Wiederholung von Affirmationen tief verwurzelte negative Glaubenssätze hinterfragen und ersetzen. Du stärkst dein Selbstwertgefühl und dein Vertrauen in dich selbst, was zu einer positiven Veränderung in deinem Denken führt. Affirmationen helfen dir auch, deinen Fokus auf deine Ziele zu richten. Dein Gehirn nutzt diese positiven Aussagen als Anker, um dich an das zu erinnern, was du erreichen möchtest, und fördert somit deine Motivation. Schließlich unterstützt das Sprechen von Affirmationen auch deine emotionale Regulation. Sie helfen dir, negative Gedankenmuster zu durchbrechen und eine optimistischere Sichtweise zu entwickeln. Indem du Affirmationen in deinen Alltag integrierst, kannst du also nicht nur dein Denken, sondern auch dein emotionales Wohlbefinden nachhaltig verbessern.

Besonders effektiv sind Affirmationen, wenn sie auf deine persönlichen Bedürfnisse und Ziele zugeschnitten sind. Anstatt allgemeine Floskeln zu verwenden, formuliere sie in der "Ich"-Form und stelle einen direkten Bezug zu deinem Leben her.

Beispiele wären etwa:

- "Ich liebe und akzeptiere mich so, wie ich bin." Diese Affirmation ist sehr kraftvoll, da sie direkt an unser Selbstbild und unsere Selbstakzeptanz appel-

liert. Sie hilft uns, uns selbst bedingungslos wertzuschätzen, anstatt uns ständig zu kritisieren.

- "Ich bin stark und mutig genug, um meine Träume
  zu verwirklichen."
  Solche Affirmationen, die unsere inneren Stärken
  und Fähigkeiten betonen, können uns einen enormen Schub geben. Sie stärken unser Selbstvertrauen und motivieren uns, über uns selbst hinaus-
  zuwachsen.

- "Ich bin dankbar und empfinde große Freude."
  Dankbarkeit und Freude sind Grundpfeiler des
  Glücks. Indem wir uns immer wieder daran erinnern, diese Gefühle in uns zu kultivieren, erschaf-
  fen wir eine positive mentale Grundhaltung.

- "Ich werde jeden Tag selbstbewusster und glücklicher."
  Solche Affirmationen in der Zukunftsform sind
  besonders wirksam, da sie uns ein Gefühl von Entwicklung, Wachstum und Fortschritt vermitteln.
  Sie helfen uns, unseren Fokus auf das Positive zu
  richten.

- "Ich lasse los, was ich nicht kontrollieren kann,
  und lenke meine Konzentration auf das, was in
  meiner Macht steht."
  Diese Affirmation hilft dabei, den Fokus auf das
  zu richten, was man selbst beeinflussen kann, statt

sich mit Dingen aufzuhalten, die außerhalb der eigenen Kontrolle liegen. Dadurch kann man Energie und Aufmerksamkeit zielgerichtet einsetzen und sich auf das Wesentliche konzentrieren. Das kann zu mehr innerer Ruhe, Selbststeuerung und Produktivität führen. Die Affirmation ermutigt dazu, loszulassen, was man nicht ändern kann, und sich stattdessen auf die Aspekte zu konzentrieren, die man selbst gestalten kann. Das kann helfen, Stress und Frustration zu reduzieren und die Energie für das Wesentliche freizumachen.

Affirmationen, die uns dabei unterstützen, gelassener und achtsamer mit Herausforderungen umzugehen, können eine große Hilfe sein. Sie fördern unsere innere Resilienz. Diese Beispiele zeigen, dass Affirmationen besonders dann kraftvoll wirken, wenn sie unsere Selbstakzeptanz, Stärke, Dankbarkeit, Zuversicht und Achtsamkeit stärken. Je mehr sie an unsere tiefsten Bedürfnisse und Sehnsüchte appellieren, desto größer ist ihre transformative Kraft.

Die richtige Formulierung einer Affirmation

Vermeide hingegen Affirmationen, die dein Unterbewusstsein mit Zweifeln oder Negationen konfrontieren. Sätze wie "Ich werde nicht mehr so gestresst sein" oder "Ich bin kein Versager" können kontraproduktiv sein, da sie deine Aufmerksamkeit weiterhin auf das Unerwünschte richten. Stattdessen formuliere deine Affirmationen stets in der Ge-

genwarts- oder Zukunftsform, um eine positive, empowernde Wirkung zu erzielen. Wiederhole sie regelmäßig, am besten morgens und abends, und ergänze sie durch visuelle Vorstellungen oder Meditationen. So verinnerlichst du sie auf einer tiefen Ebene und lässt ihre Magie entfalten. Gib deinen Affirmationen zudem etwas Zeit, zu wirken. Veränderungen im Denken und Verhalten geschehen nicht von heute auf morgen. Sei also geduldig, liebevoll zu dir selbst und lass dich von anfänglichen Rückschlägen nicht entmutigen. Mit der Zeit wirst du spüren, wie sich deine Einstellung, dein Selbstbild und letztlich dein ganzes Leben zum Positiven wandelt.

So integrierst du Affirmationen in deinen Alltag

Affirmationen in deinen Alltag zu integrieren, kann einfach und effektiv sein. Hier sind einige Strategien, die dir helfen können:

Morgendliche Routine

Beginne deinen Tag mit Affirmationen. Stehe etwas früher auf und nimm dir ein paar Minuten, um laut oder leise positive Aussagen über dich selbst zu wiederholen. Du kannst beispielsweise dir jeden Tag nach dem Zähneputzen Zeit nehmen und 1-3 Sätze laut ins Spiegelbild sagen.

Visualisierung

Kombiniere deine Affirmationen mit Visualisierungen. Stelle dir vor, wie es sich anfühlt, wenn deine Affirmationen tatsächlich wahr werden. Dies verstärkt die Wirkung.

Notizen

Schreibe deine Affirmationen auf Post-its und platziere sie an Orten, die du häufig siehst, wie am Spiegel, am Kühlschrank oder an deinem Arbeitsplatz. So wirst du regelmäßig daran erinnert.

Atempausen

Nutze kurze Pausen während des Tages, um Affirmationen zu wiederholen. Das kann beim Warten auf den Bus oder während einer Kaffeepause sein.

Meditation (Kapitel 4)

Integriere Affirmationen in deine Meditationspraxis. Wiederhole sie während der Meditation, um eine tiefere Verbindung zu deinen Aussagen herzustellen.

Abendliche Reflexion

Bevor du ins Bett gehst, denke über deine Affirmationen nach und wiederhole sie. Dies kann helfen, deine Gedanken positiv zu beeinflussen und deinen Schlaf zu verbessern.

Ziele setzen

Wähle spezifische Affirmationen, die mit deinen Zielen übereinstimmen. Je konkreter sie sind, desto mehr Motivation kannst du daraus schöpfen.

Gruppen oder Partner

Teile deine Affirmationen mit Freunden oder in einer Gruppe. Das gegenseitige Bestärken kann sehr motivierend sein.

Fazit: Positive Affirmationen sind ein äußerst wirksames Werkzeug, um dein Glück und deine Zufriedenheit zu steigern. Indem du regelmäßig empowernde Sätze wiederholst, formst du neue neuronale Pfade in deinem Gehirn und schaffst so ein Fundament von Selbstvertrauen, Optimismus und Freude. Investiere also in diese einfache, aber transformative Praxis – dein Glück wird es dir danken.

Kapitel 12

Visualisierung – Die Kraft der Gedanken

Nachdem wir uns eingehend mit der Kraft der Affirmationen befasst haben, wollen wir uns nun einem verwandten und ebenso wichtigen Thema widmen – der Visualisierung. Ähnlich wie Affirmationen ist auch die Visualisierung eine leistungsstarke mentale Technik, die uns dabei unterstützen kann, unsere Ziele zu erreichen und ein erfülltes Leben zu führen. Während Affirmationen darauf abzielen, unser inneres Selbstgespräch positiv und zielgerichtet zu beeinflussen, konzentriert sich die Visualisierung darauf, uns unsere Träume und Wünsche bildlich vor Augen zu führen.

Viele erfolgreiche Menschen haben die Visualisierung als integralen Bestandteil ihrer Selbstentwicklung und Zielerreichung genutzt. Persönlichkeiten wie Oprah Winfrey, Arnold Schwarzenegger und Jim Carrey haben eindrucksvoll bewiesen, wie transformativ diese Praxis sein kann. Sie alle betonen in ihren Biografien und Interviews immer wieder, dass sie ihre Ziele und Erfolge mithilfe der Visualisierung erreichten.

Indem wir uns unsere Ziele und Visionen bildlich vorstellen, aktivieren wir eine ganz andere Ebene des Denkens und Fühlens. Wir lernen nicht nur, uns die gewünschten Ergebnisse vorzustellen, sondern entwickeln auch ein tieferes Verständnis dafür, wie sich diese Realität anfühlen und wie sie sich in unserem Leben manifestieren würde.

Im diesem Kapitel werden wir uns daher eingehend mit der Kunst der Visualisierung befassen. Wir werden lernen, wie wir diese Technik auf wirksame und nachhaltige Weise in unser tägliches Leben integrieren können, um unsere Träume Schritt für Schritt in die Realität umzusetzen.

Die Kraft deiner Gedanken

Die Art und Weise, wie du über deine Ziele und Träume denkst, hat einen enormen Einfluss auf deine Realität. Visualisierung ist ein mächtiges Werkzeug, das dir helfen kann, deine Wünsche klar zu definieren und sie in greifbare Nähe zu rücken. Wenn du dir vorstellst, wie du deine Ziele erreichst, aktivierst du nicht nur deine Vorstellungskraft, sondern legst auch den Grundstein für handfeste Veränderungen in deinem Leben und dem Leben anderer.

Lass uns nun erkunden, wie du durch gezielte Visualisierungstechniken deine innere Stärke mobilisieren und deine Träume verwirklichen kannst. Wir werden nun gemeinsam herausfinden, wie du deine Gedanken nutzen kannst, um nicht nur dich selbst, sondern auch die Menschen um dich herum zu inspirieren und zu verändern.

Moderatorin Oprah Winfrey sowie die Schauspieler Jim Carrey und Arnold Schwarzenegger haben in ihren Autobiografien und Interviews immer wieder betont, welche zentrale Rolle Visualisierung für ihren persönlichen und beruflichen Erfolg gespielt hat.

Die Kraft der Gedanken und Visualisierung kann tatsächlich auch dazu beitragen, dich glücklicher zu machen. Wenn du dir regelmäßig vorstellst, wie dein Wunschzustand aussehen könnte, aktivierst du unbewusst bestimmte neuronale Verknüpfungen in deinem Gehirn.

Die Fähigkeit, sich die Dinge bildlich vorzustellen, ist eines der mächtigsten mentalen Werkzeuge, die wir Menschen haben. Wenn du dir etwas intensiv vorstellst und alle deine Sinne dabei einsetzt, signalisierst du deinem Unterbewusstsein, dass dies etwas ist, was du wirklich erreichen möchtest. Stell dir vor, du möchtest endlich eine neue, erfüllende Arbeit finden. Visualisiere dir dann ganz genau, wie dein Arbeitsalltag in diesem Traumjob aussehen würde. Wie fühlst du dich, wenn du morgens zur Arbeit gehst? Wie sieht dein Arbeitsplatz aus? Wie reagieren deine Kollegen auf dich? Stelle dir all diese Details bildlich vor und erspüre die positiven Gefühle, die damit einhergehen.

Indem du dir diese Szene immer wieder vor Augen führst, sendest du deinem Unterbewusstsein ständig die Botschaft, dass du diese Situation in Wirklichkeit erreichen möchtest. Dein Gehirn beginnt dann, nach Möglichkeiten zu suchen, wie es diese Vision in die Realität umsetzen kann. Es aktiviert bestimmte neuronale Verschaltungen und löst so Verhaltensweisen aus, die dich der Verwirklichung deiner Wünsche näherbringen.

Empfohlen wird, die Visualisierung täglich für 5-10 Minuten durchzuführen. Konzentriere dich dabei ganz auf die positiven Gefühle und Sinneswahrnehmungen. Je detaillierter und lebendiger du die Szene vor dir siehst, desto stärker ist die Wirkung.

Zusätzlich kannst du dir Techniken wie Atemübungen (Kapitel 14) oder Meditation (Kapitel 4) zu Hilfe nehmen, um dich besser zu fokussieren. Auch das Führen eines Dankbarkeitstagebuchs (Kapitel 2) kann die Wirkung der Visualisierung verstärken, da du lernst, dich auf das Positive in deinem Leben zu konzentrieren.

Wichtig ist, dass du dir Zeit für die regelmäßige Visualisierung nimmst und dran glaubst, dass deine Wünsche Wirklichkeit werden können. Mit der richtigen Einstellung und Ausdauer kannst du so dein Glück und deine Zufriedenheit deutlich steigern.

Mit regelmäßiger Übung wird es dir immer leichter fallen, deine Ziele lebendig vor dir zu sehen. Und Schritt für Schritt wirst du dich deinen Träumen nähern.

Hilfreiche Tipps, um deine Visualisierungsübungen noch effektiver zu gestalten

Verwende alle deine Sinne

Visualisiere nicht nur, was du sehen würdest, sondern stelle dir auch die Geräusche, Gerüche, Geschmäcker und Körperempfindungen deines Wunschzustands vor. Je mehr Sinne du einbeziehst, desto lebendiger und realistischer wird deine mentale Vorstellung.

Formuliere deine Ziele positiv und in der Gegenwart

Anstatt zu sagen "Ich möchte nicht mehr gestresst sein", stelle dir bildlich vor "Ich fühle mich entspannt und gelassen". Das sendet deinem Unterbewusstsein eine klarere, zielgerichtetere Botschaft.

Visualisiere kleine, konkrete Schritte

Anstatt nur das Endziel vor Augen zu haben, konzentriere dich auch auf die einzelnen Zwischenschritte, die dich dorthin bringen. So bleibst du motiviert und fokussiert.

Erstelle eine Vision-Board
Schneide Bilder, Symbole und Affirmationen aus, die deine Zielvorstellung repräsentieren und klebe sie an einer Stelle auf, an der du sie regelmäßig siehst. Das unterstützt die Visualisierung zusätzlich visuell.

Verbinde die Übung mit Meditation oder Yoga
Indem du die Visualisierung mit Atemtechniken und Körperübungen kombinierst, erreichst du einen tieferen Entspannungszustand, der die Wirkung verstärkt.

Sei geduldig und bleibe dran
Vertraue darauf, dass deine regelmäßige Visualisierung Wirkung zeigt, auch wenn du die Ergebnisse nicht sofort siehst. Visualisiere weiter und lass deinem Unterbewusstsein Zeit, die Impulse umzusetzen.

Wenn du diese Tipps beherzigst, wirst du schnell merken, wie deine Visualisierung-Praxis immer tiefgreifender und effektiver wird.

In jeder Musiknote steckt die Kraft,
das Leben heller und glücklicher zu machen

Kapitel 13

Die Macht der Musik – Wie Töne unsere Gefühlswelt beeinflussen

Neben der Kraft der Gedanken beziehungsweise der Visualisierung gibt es noch eine weitere faszinierende Möglichkeit, unsere Gefühle und unser Wohlbefinden zu beeinflussen: die Macht der Musik. Genau wie wir durch das bewusste Lenken unserer Gedanken und inneren Bilder Einfluss auf unsere Stimmung nehmen können, haben Melodien, Rhythmen und Klänge eine erstaunliche Wirkung auf unser emotionales Erleben.

Der Grund ist, dass Musik direkt an das limbische System des Gehirns, das für unsere Emotionen zuständig ist, anknüpft. Je nach Tonart, Tempo und Komposition können bestimmte Musikstücke Freude, Traurigkeit, Entspannung oder Motivation hervorrufen. Und genauso wie wir unsere inneren Bilder gezielt einsetzen können, um den gewünschten Gemütszustand zu erreichen, können wir auch Musik als machtvolles Werkzeug nutzen, um unsere Gefühle in die von uns bevorzugte Richtung zu lenken.

Musik ist also ein universelles Phänomen, das tief in unserer menschlichen Natur verwurzelt ist. Melodien und Rhythmen, die deine Ohren erreichen, haben einen tiefgreifenden Einfluss auf dein Gemüt und deine Stimmung.

Studien haben ebenfalls bestätigt, dass Musik eine erstaunliche Kraft besitzt, dein Glücksgefühl zu steigern und deine Seele zu nähren. Wenn du dich zum Beispiel traurig oder gestresst fühlst, kannst du durch das bewusste Hören deiner Lieblingsmusik schnell eine Verbesserung deiner Stimmung erleben.

Das liegt daran, dass Musik direkt mit den Belohnungszentren deines Gehirns in Verbindung steht. Beim Musikhören werden Neurotransmitter wie Dopamin, Serotonin und Oxytocin ausgeschüttet – besagte Glückshormone, die dich, ähnlich wie beim Sport (Kapitel 5), buchstäblich glücklich machen. Gleichzeitig verringert Musik die Produktion von Stresshormonen wie Cortisol, was dazu beiträgt, dass du dich insgesamt ausgeglichener und zufriedener fühlst.

Aber Musik kann noch mehr: Sie kann deine Kreativität anregen, deine Konzentrationsfähigkeit steigern und sogar dein Schmerzempfinden reduzieren. Eine Studie zeigte zum Beispiel, dass Patienten, die während einer Operation unter Vollnarkose über Kopfhörer positive Worte und Musik hören, nach dem Eingriff deutlich geringere Schmerzen verspüren und weniger Schmerzmittel benötigen.

Darüber hinaus hat Musik aber auch nachweislich positive Auswirkungen auf unser allgemeines Wohlbefinden. Studien konnten zeigen, dass bestimmte Musikstücke unser Selbstvertrauen stärken und unsere Gefühle gezielt beeinflussen können. Die Musik unserer Jugendzeit prägt uns besonders stark und lässt sich leicht mit positiven Erinnerungen verknüpfen. Auch physiologisch hat Musik einen Einfluss – sie kann nicht nur Glückshormone freisetzen, sondern uns auch Gänsehaut bescheren.

Zum einen zeigen Untersuchungen, dass wir Musik gezielt auswählen, um unsere Stimmung zu beeinflussen. Abends hören wir eher ruhigere, entspannende Musik, während tagsüber energiegeladene Stücke präferiert werden. Interessanterweise gibt es auch deutliche regionale Unterschiede – Menschen in Asien bevorzugen tendenziell besinnlichere Klänge, während in Lateinamerika rhythmischere Musik beliebt ist. Offenbar spiegelt sich in unseren Musikvorlieben auch unser allgemeines Lebensgefühl wider.

Nicht zuletzt kann Musik sogar eine heilende Wirkung entfalten. Musiktherapeuten setzen sie gezielt ein, um Menschen bei der Bewältigung von Krankheiten, Verlust oder Stress zu unterstützen. Musik lindert Schmerzen, reduziert Angstzustände und fördert die Genesung. Somit kann sie nicht nur unser Glück, sondern auch unsere Gesundheit maßgeblich verbessern.

Insgesamt zeigt sich, dass Musik ein sehr vielseitiges Instrument ist, um unser Befinden positiv zu beeinflussen. Ob als Stimmungsaufheller, Motivator oder Therapiemittel – Musik hat die Kraft, unser Leben glücklicher und gesünder zu gestalten.

Die Verbindung zwischen Musik und Glück ist also wissenschaftlich belegt. Wenn du nun das Gefühl hast, etwas Freude in dein Leben bringen zu wollen, dann greife einfach zu deinen Lieblingsmelodien.

Übungen, die die Macht der Musik zur Beeinflussung der Gefühlswelt nutzen:

Das „Music-Mood"-Tagebuch

Führe ein Tagebuch, in dem du festhältst, welche Musik du hörst und wie sie deine Stimmung beeinflusst. Notiere deine Gefühle vor und nach dem Musikhören.

Erstelle deine Musik-Playlist

Erstelle verschiedene Playlists für unterschiedliche Emotionen: Freude, Motivation, Entspannung, Traurigkeit. Experimentiere mit diesen Playlists, um herauszufinden, wie sie deine Stimmung verändern.

Stressabbau durch Musik

Wenn du gestresst bist, höre beruhigende Musik und konzentriere dich auf deinen Atem. Notiere, wie sich dein Stresslevel verändert und ob die Musik dir hilft, dich zu entspannen.

Musikalische Affirmationen

Kombiniere positive Affirmationen mit Musik. Wähle ein Lied und wiederhole währenddessen positive Affirmationssätze. Beobachte, welche Auswirkungen sie auf dein Selbstbewusstsein haben.

Kapitel 14

Richtig atmen – Das Tor
zum inneren Gleichgewicht

Musik hat eine bemerkenswerte Fähigkeit, unsere Stimmung und unser Wohlbefinden zu beeinflussen. Wie wir nun wissen, können bestimmte Melodien und Rhythmen direkt an unser Gefühlszentrum im Gehirn appellieren und Glückshormone wie Dopamin und Serotonin ausschütten. Doch Musik ist nicht die einzige Möglichkeit, unser Glücksempfinden zu steigern. Eine ebenso wirkungsvolle Methode liegt in der Kontrolle unseres Atems. Der Atem ist eine Brücke zwischen Körper und Geist, die uns mit der unmittelbaren Erfahrung des gegenwärtigen Augenblicks verbindet.

Unsere Atmung hat einen erstaunlich starken Einfluss auf unser Wohlbefinden und unser Glücksempfinden. Indem wir unsere Atemtechnik gezielt einsetzen, können wir Stress abbauen, Ruhe und innere Ausgeglichenheit finden und so langfristig zu mehr Lebenszufriedenheit und Glück gelangen.

Ein wichtiger Schlüssel ist die Verlangsamung und Vertiefung der Atmung. Wenn wir gestresst oder angespannt sind, tendieren wir dazu, flach und schnell zu atmen. Diese Form der Oberflächenatmung verstärkt dann wiederum das Stressempfinden. Es entsteht ein Teufelskreis. Wenn wir hingegen bewusst langsam und tief ein- und ausatmen, signalisieren wir dem Körper, dass alles in Ordnung ist. Die

Aktivität des Sympathikus, des "Stress-Systems", wird gedämpft, während der Parasympathikus, der für Entspannung und Regeneration zuständig ist, angeregt wird.

Fünf besonders wirksame Atemtechniken, die unser Glücksempfinden steigern können:

Die Bauchatmung

Beim Einatmen dehnt sich der Bauch, beim Ausatmen zieht er sich wieder zusammen. Diese tiefe, ruhige Atmung aktiviert den Parasympathikus und fördert Gelassenheit.

Das Zählen beim Atmen

Während des Einatmens bis vier zählen, dann bis sechs ausatmen. Diese Technik lenkt die Aufmerksamkeit auf den Atem und unterstützt die Beruhigung.

Das Atemwellen-Atmen

Beim Einatmen den Bauch ausdehnen, dann langsam die Welle bis zum Brustkorb und schließlich bis in die Schultern wandern lassen. Beim Ausatmen denselben Weg in umgekehrter Reihenfolge. Sehr entspannend.

Das Atem-Mantra

Während des Einatmens ein beruhigendes Wort oder eine Silbe innerlich aufsagen, etwa "Ruhe" oder "Ohm". Hilft, die Aufmerksamkeit zu fokussieren.

Das Alternate-Nostril-Breathing (Alternative Nasenlochatmung)

Abwechselnd durch das linke und rechte Nasenloch ein- und ausatmen. Ausgleichend und harmonisierend für Körper und Geist.

Dies hat eine ganze Reihe positiver Auswirkungen:

- Der Blutdruck sinkt, das Herz schlägt ruhiger
- Die Muskelverspannungen lassen nach
- Der Körper produziert weniger Stresshormone wie Cortisol
- Wir fühlen uns ausgeglichener, ruhiger und glücklicher.

Studien zeigen, dass Menschen, die regelmäßig Atemübungen praktizieren, im Allgemeinen ein höheres Maß an Lebenszufriedenheit und subjektivem Wohlbefinden empfinden. Atemtechniken können also tatsächlich ein wertvolles Werkzeug sein, um unser Glücksempfinden langfristig zu erhöhen. Dabei sind verschiedene Atemtechniken unterschiedlich effektiv. Die oben genannten fünf Methoden – Bauchatmung, Zählen des Atems, Atemwellen-Atmen, Atem-Mantra und Alternate-Nostril-Breathing – haben sich in der Praxis besonders bewährt. Sie lassen sich leicht in den Alltag integrieren und führen schnell zu spürbarer Entspannung und innerer Ruhe. Regelmäßiges Training dieser Atemtechniken, am besten täglich für 5-10 Minuten, kann uns tatsächlich dabei unterstützen, unser Glücksempfinden langfristig zu steigern. Dabei ist die Regelmäßigkeit entscheidend. Nur wer die Atemübungen kontinuierlich in den Alltag integriert, kann langfristig von den positiven Effekten profitieren.

Bereits nach wenigen Wochen regelmäßigen Trainings berichten viele Menschen von mehr innerer Ruhe, Gelassenheit und Zufriedenheit. Nach 2-3 Monaten kann sich das allgemeine Stresslevel deutlich reduzieren und das Glücksempfinden spürbar steigern. Und nach 6 Monaten oder einem Jahr sehen viele Praktizierenden große Verbesserungen in Bezug auf ihr psychisches Wohlbefinden, ihre Konzentrationsfähigkeit und ihre Lebenszufriedenheit.

Denn wenn wir Stress abbauen und innere Ruhe finden, öffnen wir uns für die positiven Dinge im Leben und empfinden mehr Freude und Zufriedenheit.

Durch das bewusste Atmen, das wir gerade behandelt haben, haben wir nun gelernt, wie wir Körper und Geist in Einklang bringen und zu einem Zustand innerer Ruhe und Klarheit finden können.

Genau wie unser Atem uns mit uns selbst verbindet, kann uns soziales Engagement mit unserer Umgebung und unseren Mitmenschen in Einklang bringen. Wenn wir uns für andere einsetzen, wenn wir Teil einer Gemeinschaft werden und gemeinsam Positives bewirken, dann entsteht ein tiefes Gefühl der Zugehörigkeit und Sinnhaftigkeit.

Lass dich also im nächsten Kapitel inspirieren, wie du durch einfache Akte der Hilfsbereitschaft und Nächstenliebe dein Leben und das deiner Mitmenschen bereichern kannst. Gemeinsam werden wir entdecken, dass Geben mindestens genauso erfüllend sein kann wie Nehmen.

Kapitel 15

Die Magie des Gebens – Wie Hilfsbereitschaft dein Leben bereichert

Oprah Winfrey zählt zu den einflussreichsten Medienpersönlichkeiten weltweit, und ihre Lebensgeschichte ist ein beeindruckendes Beispiel für Resilienz, Selbstverwirklichung und das Streben nach Glück. Geboren 1954 in Mississippi, wuchs sie unter schwierigen Bedingungen auf und erlebte in ihrer Kindheit Armut und Missbrauch. Doch das hielt sie nicht davon ab, an sich selbst zu glauben.

Oprah studierte in Tennessee Kommunikation und begann anschließend ihre Karriere als Nachrichtensprecherin und Moderatorin. 1986 startete sie „*The Oprah Winfrey Show*", die schnell zu einer der erfolgreichsten Talkshows der Geschichte wurde. Ihre Fähigkeit, emotional mit den Zuschauern zu kommunizieren, machte sie zu einer vertrauenswürdigen Figur.

Später baute Oprah ihre Karriere weiter aus, indem sie das Produktionsunternehmen *Harpo Productions* gründete und verschiedene Medienprojekte ins Leben rief. Sie ist auch für ihre philanthropischen Bemühungen bekannt, unter anderem durch die Gründung der *Oprah Winfrey Foundation*, die Bildungsinitiativen und Hilfsprojekte unterstützt. Ihr Engagement für soziale Gerechtigkeit und Bildung ist ein zentraler Bestandteil ihres Lebens.

Oprah ist überzeugt, dass Glück aus dem kommt, was wir anderen geben, nicht aus dem, was wir erhalten. Unsere Handlungen schaffen einen Kreislauf, der uns Glück in gleichem Maße zurückbringt. Sie betont die Bedeutung von Dankbarkeit, positiven Beziehungen und der Verbindung zu anderen Menschen. Ihre eigene Lebensgeschichte hat sie inspiriert, anderen zu helfen und Möglichkeiten für Veränderung zu schaffen. Ihr Lebensweg ist ein inspirierendes Beispiel für viele.

Wer Soziales macht, wird glücklich

Doch nicht nur Oprah Winfrey ist der Meinung, dass man, wenn man etwas Soziales macht, glücklich wird. Auch Erich Kästner wusste: "Es gibt nichts Gutes, außer man tut es." Und warum ist das so? Nun, der Körper belohnt uns, wenn wir anderen helfen oder etwas Gutes für sie tun. Da werden nämlich (wieder einmal) prompt die sogenannten Glückshormone ausgeschüttet – Oxytocin, Serotonin und Dopamin. Genau dieselben Substanzen, die uns auch einen Kick geben, wenn wir Süßigkeiten naschen oder verliebte Blicke tauschen. Der Körper weiß eben ganz genau, was uns guttut.

Aber nicht nur die Chemie im Gehirn sorgt dafür, dass wir nach einer guten Tat ein Lächeln im Gesicht haben. Auch rein psychologisch fühlen wir uns dann erfüllter und zufriedener. Wenn wir sehen, dass unser Handeln tatsächlich etwas bewirkt und andere davon profitieren, gibt uns das ein Gefühl der Sinnhaftigkeit. Wenn wir merken, dass wir etwas selbst bewirken können, stärkt das unser Selbstvertrauen enorm. Und dann ist da noch die soziale Komponente. Wenn wir etwas Gutes tun, knüpfen wir Kontakte, vertiefen Beziehungen und fühlen uns in eine Gemeinschaft eingebunden. Genau das ist entscheidend für unser seelisches Wohlergehen. Denn der Mensch ist nun mal ein Rudeltier, das Zugehörigkeit und Verbundenheit braucht.

Letztlich hat sich dieses Glücksempfinden beim sozialen Handeln auch evolutionär bewährt. Denn wer füreinander da ist, hat bessere Überlebenschancen. Also hat die Natur dafür gesorgt, dass wir etwas Gutes tun, indem sie uns dafür belohnt.

Kurzum, beim Sozialengagement profitieren Körper, Geist und Seele gleichermaßen.

Auch wissenschaftliche Studien bestätigen, dass soziales Engagement und prosoziales Verhalten mit einem gesteigerten Glücksempfinden einhergehen können. Eine Reihe von Forschungsarbeiten hat diesen Zusammenhang systematisch untersucht und konvergente Ergebnisse hervorgebracht.

Die Forscher um Elizabeth Dunn untersuchten in ihrer vielbeachteten Studie aus dem Jahr 2008, wie sich Ausgaben für andere im Vergleich zu Ausgaben für sich selbst auf das persönliche Glücksempfinden auswirken.

Für ihre Untersuchung, die in der renommierten Zeitschrift "*Science*" veröffentlicht wurde, rekrutierten die Wissenschaftler eine Gruppe freiwilliger Probanden. Jedem Teilnehmer wurde zunächst ein gewisser Geldbetrag – entweder 5 oder 20 US-Dollar – ausgehändigt. Dann erhielten die

Probanden die Anweisung, dieses Geld entweder für sich selbst oder für einen anderen auszugeben.

Am Ende des Tages wurden die Studienteilnehmer befragt, wie glücklich sie sich insgesamt fühlten. Das Ergebnis war eindeutig: Diejenigen, die das Geld für andere ausgegeben hatten, berichteten von einem deutlich höheren Glücksempfinden als jene, die das Geld für sich selbst verwendet hatten.

Interessanterweise trat dieser positive Effekt unabhängig davon auf, ob die Studienteilnehmer 5 oder 20 US-Dollar erhalten hatten. Selbst kleine Geldbeträge steigerten das persönliche Wohlbefinden der Probanden, solange diese es nicht für sich, sondern für andere einsetzten.

Die Studie lieferte somit empirische Belege dafür, dass prosoziales Verhalten und Ausgaben zugunsten anderer tatsächlich mit einem erhöhten Glücksempfinden einhergehen. Diese Erkenntnisse trugen maßgeblich zu einem besseren Verständnis der Beziehung zwischen sozialem Engagement und subjektivem Wohlbefinden bei.

Zusammengefasst lässt sich sagen, dass Aktivitäten, bei denen wir uns für andere einsetzen, ein Zusammenspiel aus neurobiologischen, psychologischen und sozialen Faktoren in Gang setzen, die unser Wohlbefinden und unsere Zufriedenheit deutlich steigern können. Das Glücksempfinden beim prosozialen Handeln ist somit ein wichtiger evolutionärer Mechanismus, der unser Zusammenleben nicht nur erleichtert, sondern auch bereichert.

Du weißt nicht, wie du dich engagieren kannst? Hier ein paar Ideen:

Es gibt viele Möglichkeiten, Gutes zu tun und damit das eigene Glücksempfinden zu fördern. Man muss sie nur ergreifen.

Da wäre zum Beispiel die Arbeit in einem Altenheim. Die älteren Bewohner freuen sich sehr über Besuche und ein offenes Ohr. Einfach da sein, ihnen zuhören und ihre Geschichten anhören – das erfüllt einen selbst mit so viel Dankbarkeit und Zufriedenheit.

Oder du engagierst dich in einem Tierheim. Die Vierbeiner brauchen Auslauf, Streicheleinheiten und Zuwendung. Wer ihnen diese Freude bereitet, erlebt, wie einem das Herz aufgeht. Das Glück der Tiere springt einfach auf einen selbst über.

Auch Blutspenden sind eine wunderbare Möglichkeit, Gutes zu tun. Zwar ist es für viele unangenehm, aber der Gedanke, damit Leben retten zu können, erfüllt einen hinterher mit so viel Stolz. Eine wertvolle Erfahrung, die man nicht missen möchte.

Genauso bereichernd ist es, als Mentor für Kinder und Jugendliche tätig zu sein. Der Umgang mit jungen Menschen kann einem auf vielfältige Weise Glück und Zufriedenheit schenken. Zum einen bietet er neue, erfrischende Blickwinkel und Denkweisen, die den eigenen Horizont erweitern und den Geist anregen. Die Energie und Begeisterung junger Menschen kann einem selbst einen Motivationsschub verleihen und den Blick für das Wesentliche schärfen. Außerdem erfüllt es mit Stolz und Freude, wenn man jungen

Leuten etwas beibringen, sie unterstützen und ihre Entwicklung fördern kann. Die Dankbarkeit und Wertschätzung, die man dafür erlebt, stärkt das Selbstwertgefühl. Nicht zuletzt können die unbeschwerte Lebensfreude und Spontaneität der jungen Generation auch den eigenen Blick auf das Leben wieder aufhellen und das Glück steigern. So kann der Kontakt mit der Jugend in vielerlei Hinsicht eine Quelle des Glücks sein.

Und dann gibt es noch die Möglichkeit, sich bei der Nachbarschaftshilfe zu engagieren. Ob man dem alten Herrn vom Eck beim Einkaufen hilft oder der jungen Mutter ein paar Stunden das Kind abnimmt – solche kleinen Gesten der Mitmenschlichkeit schweißen die Gemeinschaft zusammen und erfüllen einen selbst mit Glück.

Es gibt auch kleine Beispiele, wie du hilfsbereit sein kannst. Du kannst einen Freund, dem es derzeit nicht so gut geht, anrufen einfach zuhören, wenn er seine Sorgen teilen möchte. Oder du hältst jemandem die Tür auf, grüßt Passanten, überraschst einen Freund mit einem kleinen Geschenk oder lädst jemanden zum Essen ein.

Es gibt also unzählige Möglichkeiten, anderen unter die Arme zu greifen und damit das eigene Wohlbefinden zu steigern. Man muss sie nur erkennen und ergreifen. Denn, wie schon ein alter Volksglaube weiß: Wer Gutes tut, dem wird Gutes widerfahren.

Kapitel 16

Der Schlüssel zum Glück – Warum liebevolle Bindungen so wichtig für unser Wohlergehen sind

Im letzten Kapitel haben wir erfahren, wie bereichernd es sein kann, anderen mit Hilfsbereitschaft und Mitgefühl zu begegnen. Wenn wir uns für unsere Mitmenschen einsetzen und Teil einer Gemeinschaft werden, erwacht in uns ein tiefes Gefühl der Erfüllung und Sinnhaftigkeit.

Doch diese Verbundenheit zu anderen kann noch tiefer gehen. Denn die Menschen, die uns am nächsten stehen – unsere Familie und engen Freunde – haben eine ganz besondere Kraft, unser Glück zu nähren und unser Leben zu bereichern.

Untersuchungen belegen es: Eine erfüllende soziale Einbindung ist für unser Wohlbefinden von entscheidender Bedeutung.

Eine der bekanntesten und umfangreichsten Langzeitstudien zu diesem Thema ist die sogenannte "*Grant Study*" der *Harvard University*. Seit 1938 haben Forscher hier über 80 Jahre lang die Entwicklung und Lebenswege von über 700 Männern genau untersucht. Ihr Ziel war es, herauszufinden, welche Faktoren entscheidend für ein langes, glückliches und gesundes Leben sind.

Die Teilnehmer wurden dabei aus unterschiedlichen Lebensverhältnissen ausgewählt – angefangen bei *Harvard*-Studenten bis hin zu Männern aus ärmeren Stadtvierteln.

Über Jahrzehnte hinweg sammelten die Wissenschaftler detaillierte Daten zu den körperlichen und psychischen Gesundheitszuständen der Probanden, zu ihren Berufen, Einkommen, Lebensstilen und natürlich auch zu ihren persönlichen Beziehungen.

Und die Ergebnisse waren eindeutig: Die Qualität der sozialen Bindungen, insbesondere zu Familie und engen Freunden, erwies sich als der mit Abstand stärkste Prädiktor für Gesundheit und Lebenszufriedenheit im Laufe des Lebens.

Diejenigen Studienteilnehmer, die liebevolle, erfüllende Beziehungen pflegen konnten, waren nicht nur körperlich deutlich fitter, sondern auch psychisch stabiler, kreativer und insgesamt zufriedener mit ihrem Leben.

Im Gegensatz dazu litten jene Männer, die eher vereinsamt durchs Leben gingen, häufiger unter Depressionen, Suchtproblemen und körperlichen Erkrankungen. Einige von ihnen verstarben sogar deutlich früher als der Durchschnitt.

Die Forscher kamen daher zu dem Schluss, dass enge, liebevolle Beziehungen zu Familie und Freunden der Schlüssel zu einem langen, glücklichen und gesunden Leben sind.

Sie haben einen stärkeren Einfluss auf unsere Gesundheit als beispielsweise Rauchen, Alkoholkonsum oder mangelnde körperliche Aktivität.

Gerade in Krisenzeiten zeigt sich die enorme Bedeutung sozialer Einbindung besonders deutlich: Menschen, die in einem Netz von Fürsorge und Unterstützung eingebunden sind, können Rückschläge und Belastungen deutlich besser verkraften als Einzelgänger.

Was genau passiert also in unserem Körper und unserer

Psyche, wenn wir Teil einer liebevollen Gemeinschaft sind? Zum einen schüttet unser Gehirn bei sozialer Interaktion verstärkt Glückshormone wie Oxytocin aus. Dieses Neuropeptid – ein neurochemischer Botenstoff – fördert Bindung, Vertrauen und Fürsorge und lässt uns Stress und Angst leichter bewältigen. Zudem aktiviert es die Ausschüttung von Endorphinen, den natürlichen Schmerzkillern unseres Körpers. Kein Wunder also, dass wir uns in Gegenwart unserer Liebsten wohl und geborgen fühlen.

Darüber hinaus stärken enge Beziehungen auch unser Immunsystem. Forscher fanden heraus, dass Personen mit einem aktiveren sozialen Leben deutlich seltener an Erkältungen erkranken als Einzelgänger. Der Grund: Soziale Interaktionen reduzieren die Ausschüttung von Stresshormonen, die sonst das Immunsystem schwächen würden.

Letztlich nähren erfüllende Beziehungen auch unsere Seele. Wenn wir uns angenommen und wertgeschätzt fühlen, dann können wir unser wahres Selbst entfalten und das Beste in uns zum Vorschein bringen. Wir fühlen uns stark, resilient und erfüllt – eine Quelle des Glücks, die keine materiellen Güter je ersetzen könnten.

Übungen, die deine Beziehungen zu wichtigen Menschen in deiner Umgebung stärken:

Aktive Zuhörübung

Übe aktives Zuhören, wenn du mit jemandem sprichst. Konzentriere dich darauf, was die andere Person sagt, und wiederhole es in deinen eigenen Worten, um sicherzustellen, dass du sie richtig verstehst. Stelle außerdem Fragen, die deutlich machen, dass du dich für ihre Geschichten, Probleme oder Erlebnisse interessierst.

Dankbarkeitsbrief

Schreibe einen Brief an eine Person, die dir wichtig ist, und drücke deine Dankbarkeit für ihre Unterstützung und die positive Rolle aus, die sie in deinem Leben spielt. Überreiche den Brief persönlich oder lese ihn vor.

Erstelle dein wichtigstes Netzwerk

Erstelle eine Liste von Personen, die für dich eine wichtige Unterstützung darstellen. Überlege, wie du diese Beziehungen pflegen kannst.

Kapitel 17

Natürliche Glücksmomente – Darum steigern Naturerlebnisse unsere Zufriedenheit

Während enge, liebevolle Beziehungen zu Familie und Freunden sich als eine der wichtigsten Quellen für Glück und Zufriedenheit erwiesen haben, gibt es noch einen weiteren zentralen Faktor, der unsere Lebenszufriedenheit maßgeblich beeinflusst – der Kontakt zur Natur.

Offensichtlich erfüllt der Aufenthalt in der Natur wichtige psychische Grundbedürfnisse, von denen unser Wohlbefinden abhängt. Der Blick in die grüne Weite, die Begegnung mit Tieren und Pflanzen, das Spüren des Windes und die Geräusche der Natur wirken beruhigend und stressreduzierend. Sie lenken unsere Aufmerksamkeit von den Sorgen des Alltags ab und lassen uns zur Ruhe kommen.

Besonders Outdooraktivitäten wie Wandern, Radfahren oder Joggen in der Natur scheinen dabei eine starke positive Wirkung zu entfalten. Denn sie verbinden die heilsamen Reize der natürlichen Umgebung mit den Effekten körperlicher Bewegung, die ebenfalls nachweislich das Glücksempfinden steigern.

Darüber hinaus fördert der Kontakt zur Natur auch unsere Kreativität und Fähigkeit zur Entspannung. Nach Aufenthalten im Grünen zeigen Menschen eine höhere kognitive Leistungsfähigkeit und Konzentrationsfähigkeit. Offenbar hilft uns der Naturgenuss, unsere Batterien aufzuladen und neue Kraft für die Herausforderungen des Alltags zu schöpfen.

Insofern ist es nicht verwunderlich, dass viele Menschen den Drang verspüren, bei Stress oder Kummer den Weg nach draußen in die Natur zu suchen. Denn die heilsame Wirkung von Wald, Wiese und Wasser auf unsere Psyche ist mittlerweile empirisch gut belegt. Kombiniert mit der stärkenden Kraft sozialer Beziehungen, entsteht so ein machtvoller Schlüssel für ein insgesamt erfülltes und glückliches Leben.

Wissenschaftler der *University of British Columbia Okanagan Campus* haben herausgefunden, dass es ausreicht, einfach die Natur um sich herum zu bemerken, um das allgemeine Glücksgefühl und Wohlbefinden zu verbessern. In einer zweiwöchigen Intervention wurden drei Gruppen untersucht: Eine Gruppe dokumentierte ihre Gefühle und Reaktionen, wenn sie Natur wahrnahmen, eine Gruppe beschrieb ihre Reaktionen auf vom Menschen geschaffene Objekte, und eine dritte Gruppe tat nichts Derartiges. Die Gruppe, die sich auf die Natur konzentrierte, war deutlich glücklicher und zeigte wesentlich mehr soziale Verbundenheit mit anderen Menschen im Vergleich zu den anderen Gruppen.

Warum macht Zeit in der Natur glücklich?

Laut den Forschern ist es nicht nötig, stundenlang in der Natur zu verbringen oder lange Wanderungen zu unternehmen. Schon das einfache Bemerken von Natur in der näheren Umgebung – wie ein Baum an der Bushaltestelle oder die Sonne, die durchs Fenster scheint – kann positive Auswirkungen auf das Wohlbefinden haben.

Dieser Effekt lässt sich durch mehrere Faktoren erklären. Wer Zeit in der Natur verbringt, wird vom Alltagsstress abgelenkt und entspannt, was zu einer kognitiven Erholung führt. Darüber hinaus löst das Betrachten und Wahrnehmen von Natur unmittelbar positive Gefühle wie Freude und Faszination aus, die die Stimmung und das Wohlbefinden verbessern. Überdies fördert der Kontakt mit der Natur eine prosoziale Orientierung und die Bereitschaft, Ressourcen mit anderen zu teilen, was das Gemeinschaftsgefühl stärkt. Und letztendlich hat ein Ausflug in die Natur auch messbare psychophysiologische Auswirkungen, wie eine Reduzierung von Stress – sie senkt den Cortisolspiegel im Körper – und eine Verbesserung der Gesundheit.

Diese vielfältigen Wirkungen machen deutlich, warum regelmäßige Auszeiten in der natürlichen Umgebung so wertvoll für unser Glück sind. Sei es ein Spaziergang im Park, eine Wanderung im Wald oder ein Entspannungsmoment in einem Garten – Zeit in der Natur ist eine einfache, aber äußerst wirksame Möglichkeit, unser Wohlbefinden und unsere Lebenszufriedenheit zu steigern.

Der Weg zur Zufriedenheit beginnt mit einer kleinen
Veränderung der Körperhaltung

Kapitel 18

Kopf hoch, Brust raus – Wie deine Körperhaltung dein Selbstvertrauen und dein Wohlbefinden stärkt

Eine wichtige Komponente für unser Wohlbefinden und unsere Zufriedenheit ist unser Selbstbewusstsein. Denn wie wir uns selbst wahrnehmen und einschätzen, hat entscheidenden Einfluss darauf, wie wir durchs Leben gehen und welche Erfahrungen wir machen. Dabei spielt die Körperhaltung eine zentrale Rolle.

Eine aufrechte, selbstbewusste Körperhaltung hat unmittelbare Auswirkungen auf unser Selbstvertrauen und unsere Stimmung. Wenn wir mit breiter Brust, erhobenem Haupt und schwungvollen Bewegungen durch die Welt gehen, signalisieren wir Stärke, Überzeugung und Optimismus – nicht nur nach außen, sondern auch zu uns selbst. Dieses Gefühl der inneren Kraft stärkt wiederum unser Selbstwertgefühl. Denn eine aufrechte, selbstsichere Haltung signalisiert dem Gehirn Kraft und Zuversicht. Wenn wir den Kopf hoch, die Brust raus und die Schultern breit halten, sendet unser Körper positive Botschaften an unser Unterbewusstsein – und wir fühlen uns innerlich ebenso stark und optimistisch.

Umgekehrt führt eine nach unten gerichtete, zusammengesunkene Körperhaltung dazu, dass wir uns kleiner, unsicherer und weniger leistungsfähig fühlen. Kopf und Schultern hängen lassen, die Arme vor der Brust verschränken – all das sendet Signale der Schwäche, Unsicherheit und Resignation an unser Gehirn. Folglich sinkt unser Selbstvertrauen, was sich wiederum negativ auf unser allgemeines Wohlbefinden auswirkt.

Aus diesem Grund ist es so wichtig, auf eine aufrechte, selbstbewusste Körperhaltung zu achten. Wenn wir uns aufrecht und offen präsentieren, fühlen wir uns innerlich gestärkt und können die Welt mit mehr Zuversicht und Optimismus angehen. Kleine Veränderungen in der Haltung können also schon eine große Wirkung auf unser Selbstvertrauen und damit auf unser Glücksempfinden entfalten. Eine offene, erhobene Körperhaltung zu kultivieren, ist daher ein einfacher, aber äußerst wirksamer Weg, um unser Wohlbefinden und unsere Lebenszufriedenheit zu steigern. Indem wir uns selbstbewusst und aufrecht präsentieren, stärken wir unser Selbstvertrauen und legen so den Grundstein für ein erfüllteres und glücklicheres Leben.

Integration einer selbstbewussten Körperhaltung in den Alltag

Um von den positiven Auswirkungen einer aufrechten, selbstbewussten körperlichen Haltung zu profitieren, ist es wichtig, diese Haltung regelmäßig in deinen Alltag zu integrieren.

Hier sind einige Tipps, wie das gelingen kann:

Nimm dein Auftreten bewusst wahr

Mache dir mehrmals am Tag bewusst, wie du gerade stehst

oder sitzt. Sitzt oder stehst du aufrecht oder krumm? Hängen deine Schultern? Überprüfe, ob dein Rücken gerade ist, dein Kopf aufrecht und deine Schultern nicht hängen. Korrigiere die Haltung, wenn nötig.

Schaffe Erinnerungsimpulse

Setze dir Erinnerungen, um regelmäßig an deine Körperhaltung zu denken. Zum Beispiel kannst du dir eine Notiz an den Computerbildschirm hängen oder einen Alarm auf deinem Smartphone einstellen.

Integriere Übungen in deinen Tagesablauf

Achte mehrmals täglich auf kurze "Haltungspausen" – wie beispielsweise beim Warten an einer Ampel, beim Telefonieren, beim Fernsehen oder während einer beruflichen Besprechung. Setze oder stelle dich dann bewusst aufrecht hin und achte auf eine starke Körperhaltung.

Achte tagsüber auf kleine Bewegungsübungen

Integriere in deinen Alltag kleine Übungen, die deine Körperhaltung unterstützen. Stehe öfter auf, kreise die Schultern oder drehe den Kopf langsam nach links und rechts.

Werde körperlich aktiv

Regelmäßige Bewegung an der frischen Luft, wie etwa Spazierengehen oder Radfahren, hilft, eine aufrechte Haltung zu trainieren und zu festigen.

Visualisiere deine Auftreten

Stelle dir immer wieder vor, wie du aufrecht und selbstbewusst durch die Welt gehst. Diese mentale Übung kann die Körperhaltung enorm unterstützen.

Mit ein wenig Übung und Disziplin lässt sich ein aufrechtes, selbstbewusstes Auftreten sehr gut in deinen Alltag integrieren. Das Investieren dieser kleinen Mühe zahlt sich dann durch ein gesteigertes Selbstvertrauen und Wohlbefinden aus. Und das wiederum trägt dazu bei, dass du glücklicher wirst.

Kapitel 19

Rituale – So entwickelst du Gewohnheiten, die dich glücklich machen

Hast du dich auch schon einmal dabei ertappt, wie du eine bestimmte Verhaltensweise, die eigentlich nicht gut für dich ist, einfach nicht ablegen kannst? Sei es der morgendliche Griff zur Zigarette, der abendliche Snack vor dem Fernseher oder der Impuls, ständig auf dein Smartphone zu schauen – manche Gewohnheiten sitzen tief. Und genau darin liegt auch die Crux: Willst du wirklich dauerhaft glücklicher und zufriedener werden, musst du deine alten, schlechten Verhaltensweisen durch neue, positive ersetzen. Die gute Nachricht ist: Das ist gar nicht so schwer, wie es sich vielleicht zunächst anhört. Entscheidend ist, dass du dich auf die Kraft der Wiederholung verlässt. Psychologische Studien haben gezeigt, dass es etwa 21 Tage braucht, bis sich eine neue Gewohnheit in deinem Gehirn verfestigt hat. Wenn du also eine neue, gesündere Verhaltensweise konsequent drei Wochen lang praktizierst, wird sie zu einer Selbstverständlichkeit.

Am besten gelingt dir das, wenn du die neuen Gewohnheiten in deinen Alltag integrierst und sie mit festen Ritualen verbindest. Etwa indem du dir vornimmst, täglich zur selben Zeit spazieren zu gehen oder jeden Abend eine halbe Stunde lang zu lesen. Wenn du diese Aktivitäten immer zur gleichen Zeit und am gleichen Ort ausübst, etabliert sich eine Routine, die dir das Einhalten der neuen Gewohnheit sehr erleichtert.

Entscheidend ist dabei, dass du dich nicht unter Druck setzt und dich nicht zu etwas zwingst, was du eigentlich gar nicht willst. Jede Verhaltensweise, die du als lästige Pflicht empfindest, wird auf Dauer nicht funktionieren. Stattdessen solltest du Aktivitäten wählen, die dir wirklich Freude bereiten und die du gerne in deinen Alltag integrieren möchtest. Denn nur wenn du neue Gewohnheiten aus eigenem Antrieb heraus entwickelst, werden sie dich langfristig glücklicher und zufriedener machen. Ob es nun regelmäßiges Meditieren, gesundes Kochen oder ein kreatives Hobby ist – je mehr du deinen Alltag mit Dingen füllst, die dich erfüllen und begeistern, desto mehr Lebensfreude und innere Ausgeglichenheit wirst du empfinden.

Lass dich also nicht entmutigen, wenn es am Anfang vielleicht noch nicht so reibungslos funktioniert. Bleib beharrlich und vertraue darauf, dass sich deine neuen Gewohnheiten allmählich verfestigen werden. Mit der richtigen Einstellung und etwas Geduld wirst du schon bald die positiven Auswirkungen auf dein Wohlbefinden spüren.

Wie kann ich konkret neue, positive Gewohnheiten in meinen Alltag integrieren?

Hier sind einige spezifische Schritte, die dir dabei helfen können:

Identifiziere deine Ziele

Überlege zunächst ganz genau, welche positiven Verhaltensweisen du in deinen Alltag einbauen möchtest. Sei dabei möglichst konkret, wie zum Beispiel: jeden Morgen 10 Minuten meditieren, dreimal in der Woche ein gesundes Abendessen kochen oder zweimal pro Woche 30 Minuten Sport treiben.

Mache einen Plan

Lege für jede neue Gewohnheit einen festen Zeitpunkt und Ort fest. Zum Beispiel: Montag, Mittwoch und Freitag um 7 Uhr morgens meditiere ich im Wohnzimmer. Oder: Jeden Dienstag- und Donnerstagabend um 18 Uhr koche ich daheim ein gesundes Abendessen.

Schaffe eine unterstützende Umgebung

Ändere deine Umgebung so, dass sie dich beim Einhalten deiner neuen Gewohnheiten unterstützt. Stelle zum Beispiel deine Meditationsmatte im Wohnzimmer auf, damit du sie jeden Morgen siehst. Oder räume den Kühlschrank so ein, dass gesunde Zutaten direkt ins Auge fallen.

Belohne dich

Verbinde deine neuen Gewohnheiten mit etwas Positivem. Zum Beispiel darfst du dir nach dem Sport ein entspannendes Bad gönnen oder dir nach dem gesunden Abendessen eine Lieblingsserie anschauen.

Sei geduldig und nachsichtig mit dir

Nicht jeder Versuch wird von Anfang an perfekt funktionieren. Akzeptiere Rückschläge als Teil des Prozesses und ermuntere dich selbst, weiterzumachen. Jeder noch so kleine Schritt zählt!

Fange klein an

Überfordere dich nicht mit zu vielen Veränderungen auf einmal. Konzentriere dich lieber auf eine oder zwei neue Gewohnheiten, bevor du weitere hinzunimmst.

Feiere deine Erfolge

Belohne dich, wenn du eine neue Gewohnheit über die ersten 21 Tage gebracht hast. Das wird dich motivieren, weiterzumachen.

Mit dieser systematischen Herangehensweise kannst du Schritt für Schritt neue, positive Verhaltensweisen in deinen Alltag integrieren. Lass dich von kleinen Rückschlägen nicht entmutigen – Hauptsache, du bleibst dran und baust sukzessiv ein gesünderes, glücklicheres Leben für dich auf.

Welche effektiven Techniken können dabei helfen, neue Gewohnheiten in den Alltag zu integrieren?

Micro Habits

Beginne mit einer sehr kleinen, einfachen Version der neuen Gewohnheit. Die Aufgabe sollte maximal 2 Minuten dauern, um die Hürde möglichst niedrig zu halten.

Zum Beispiel: Statt 30 Minuten Sport, fange mit 2 Minuten

Aufwärmübungen an. Sobald die 2-Minuten-Version zur Routine wird, kannst du die Dauer langsam erhöhen.

Das *Habit Stacking*

Verknüpfe die neue Gewohnheit (Habit) mit einer bereits bestehenden Routine.

Zum Beispiel: Direkt nachdem du deinen Kaffee getrunken hast, machst du 5 Minuten Dehnübungen. So entsteht eine Kette von Verhaltensweisen, die sich gegenseitig unterstützen.

Steigerung der Gewohnheit

Erhöhe die Intensität oder Dauer der neuen Gewohnheit langsam und schrittweise.

Zum Beispiel: Fange mit 10 Minuten Meditation pro Tag an und erhöhe dies über mehrere Wochen auf 20 Minuten. So überforderst du dich nicht und kannst die neue Routine sicher in deinen Alltag integrieren.

Das *Cue-Routine-Reward-Model*

Identifiziere einen Auslöser (Cue), der dich an die neue Gewohnheit (Routine) erinnert. Führe dann die neue Routine durch und belohne (Reward) dich anschließend dafür.

Zum Beispiel: Sobald du morgens aufwachst (Cue), gehst du direkt zum Fenster und machst 5 Minuten Dehnübungen (Routine), bevor du dir deinen Kaffee zubereitest (Belohnung).

Öffentliche Rechenschaftspflicht

Erzähle deinem Umfeld von deinen Zielen und Fortschritten. Bitte Freunde oder Familie, dich regelmäßig daran zu erinnern und zu unterstützen. Die soziale Verantwortlichkeit kann stark motivierend wirken.

Versuche, ein paar dieser Techniken auszuprobieren und schaue, welche für dich am besten funktionieren. Mit der richtigen Herangehensweise wirst du Schritt für Schritt neue, positive Gewohnheiten in deinen Alltag integrieren können.

Kapitel 20

Die mentale Subtraktion – Ein einfacher Trick für mehr Zufriedenheit

Richtet sich dein Blick manchmal nur auf das Negative? Dann ist das Glas halbleer anstatt halbvoll. Und das Gras in Nachbars Garten ist grüner als bei dir. Oder du bist genervt von deinem Freund oder deiner Freundin, hast keine Lust, schon wieder mit dem Hund Gassi zu gehen? Oder vielleicht wünschst du dir einen neuen Job, ein größeres Zuhause oder einen neuen Partner. Diese Fokussierung auf Dinge, die wir nicht haben, kann uns jedoch auf Dauer unzufrieden machen. Genau hier setzt die Technik der mentalen Subtraktion an.

Die mentale Subtraktion hat ihren Ursprung in der Psychologie und beschäftigt sich damit, wie du Dinge in deinem Leben wertzuschätzen lernst, indem du dir vorstellst, was passieren würde, wenn du sie nicht hättest. Anstatt darüber nachzudenken, was dir fehlt, überlegst du, wie dein Leben aussehen würde, wenn du bestimmte Dinge, die du normalerweise als selbstverständlich ansiehst, plötzlich nicht mehr hättest.

Wenn wir die mentale Subtraktion anwenden, passiert Folgendes in unserem Kopf:

Fokussierung

Zunächst konzentrierst du dich bewusst auf einen bestimmten Aspekt deines Lebens, sei es eine Beziehung, dein

Zuhause, deine Gesundheit oder etwas anderes, das dir wichtig ist.

Vorstellung des Verlusts

Dann stellst du dir vor, wie dein Leben aussehen würde, wenn du diesen Aspekt plötzlich nicht mehr hättest. Du versuchst, dir die Situation möglichst konkret und detailliert vorzustellen.

Gefühle wahrnehmen

Während du dir diese Vorstellung machst, nimmst du genau wahr, welche Gefühle in dir aufsteigen. Vielleicht spürst du Trauer, Angst, Unsicherheit. Oder du spürst Dankbarkeit für das, was du normalerweise als selbstverständlich ansiehst.

Perspektivwechsel

Durch das Wegdenken des Vertrauten gewinnst du eine neue Perspektive auf deine Situation. Du erkennst plötzlich, wie viel dir diese Dinge oder Menschen tatsächlich bedeuten und wie wertvoll sie für dein Wohlbefinden sind.

Wertschätzung steigern

Diese Einsicht führt dazu, dass du die betreffenden Aspekte deines Lebens viel mehr zu schätzen beginnst. Du siehst sie nicht mehr als selbstverständlich an, sondern als etwas Kostbares, das du bewahren und pflegen willst.

Im Grunde nutzt die mentale Subtraktion unser menschliches Bedürfnis, Verluste zu vermeiden. Indem wir uns das

Fehlen von etwas Wichtigem vorstellen, aktivieren wir unsere Wertschätzung dafür. Wir erkennen, wie wertvoll diese Dinge für unser Glück und unsere Zufriedenheit sind.

Mit der Zeit wird es dir leichter fallen, diese Technik anzuwenden und dich so immer dankbarer und zufriedener zu fühlen. So kannst du dein Wohlbefinden gezielt steigern, indem du deinen Fokus auf das richtest, was du hast, anstatt auf das, was dir fehlt.

Und so geht's:

Ein Beispiel:

Du bist genervt, weil du dich ständig um dein Haustier kümmern musst.

Stell dir nun einmal vor, du musst für eine Weile auf dein Haustier komplett verzichten. Vielleicht ist dein Hund oder deine Katze gerade für ein paar Tage bei Freunden oder in der Tierpension. Wie würde sich dein Alltag dann anfühlen? Ohne dein geliebtes Haustier zu Hause zu haben, würdest du sicher einiges vermissen. Vielleicht die täglichen Spaziergänge mit deinem Hund an der frischen Luft. Oder das Kuscheln auf der Couch mit deiner Katze, wenn du nach einem anstrengenden Tag nach Hause kommst. Das fröhliche Begrüßungsritual, wenn du die Tür aufschließt. Oder einfach nur die Präsenz deines tierischen Begleiters, der immer für dich da ist. Wenn du dir bewusst machst, wie leer und still es zuhause wäre ohne dein Haustier, wirst du sicher seine Wichtigkeit in deinem Leben viel deutlicher spüren. Du wirst dankbarer dafür sein, dass du diesen treuen Gefährten hast, der dir so viel Freude bereitet. Vielleicht nimmst du dir sogar bewusst mehr Zeit, um ausgiebig mit deinem Tier zu kuscheln oder spazieren zu gehen, sobald ihr wieder zusammen seid.

Diese mentale Übung, sich vorzustellen, wie es wäre, das Haustier nicht mehr zu haben, hilft dir also, die wertvolle Rolle zu erkennen, die es in deinem Alltag spielt. Du lernst es viel mehr wertzuschätzen und bist dankbarer dafür, es in deinem Leben zu haben. So steigert die mentale Subtraktion konkret deine Zufriedenheit und dein Glücksempfinden. Durch diese mentale Aufgabe lernst du, die Dinge in deinem Leben, die dir selbstverständlich erscheinen, wirklich wertzuschätzen. Du erkennst, wie viel Gutes du bereits hast und was du alles verlieren könntest. Das macht dich zufriedener und glücklicher, denn du fokussierst dich nicht mehr auf das, was dir fehlt, sondern auf das, was du bereits hast.

Hier einige Situationen und Lebensbereiche, in denen die Technik der mentalen Subtraktion besonders hilfreich sein kann:

Beziehungen

Wenn du in einer Partnerschaft oder Freundschaft lebst, kannst du dir überlegen, wie dein Leben aussehen würde, wenn diese Person plötzlich nicht mehr da wäre. Das hilft dir, die Bedeutung dieser Beziehung wirklich wertzuschätzen.

Gesundheit

Du bist gesund und ohne körperliche Beschwerden? Stelle dir vor, du würdest plötzlich an einer schweren Krankheit leiden oder eine Behinderung haben. Dann würdest du sicher deine Gesundheit und körperliche Unversehrtheit viel mehr schätzen.

Arbeit und Finanzen

Wenn du einen Job mit einem regelmäßigen Einkommen hast, dann überlege dir, wie es wäre, deinen Arbeitsplatz oder dein Einkommen zu verlieren. Das macht deutlich, wie wichtig finanzielle Sicherheit und eine sinnstiftende Tätigkeit für dich sind.

Wohnen

Wenn du eine Wohnung hast, stell dir vor, du müsstest plötzlich ohne ein Zuhause auskommen. Dann würdest du den Komfort, die Geborgenheit und den persönlichen Rückzugsraum deiner eigenen vier Wände viel mehr zu schätzen wissen.

Freizeit und Hobbys

Wenn du ein Hobby oder eine regelmäßige Freizeitaktivität hast, überlege dir, wie dein Leben aussehen würde, wenn du deine Lieblingshobbys, sportlichen Aktivitäten oder Reisemöglichkeiten nicht mehr hättest. Das zeigt dir, wie wertvoll diese Dinge für dein Wohlbefinden sind.

In all diesen Lebensbereichen kann die mentale Subtraktion dazu beitragen, dass du die Dinge, die du normalerweise als selbstverständlich ansiehst, viel mehr zu schätzen lernst. Du erkennst ihre Bedeutung für dein Glück und deine Zufriedenheit. Das motiviert dich dann, diese wertvollen Dinge noch intensiver in deinen Alltag zu integrieren, denn kleine mentale Übungen können eine große Wirkung entfalten! Du wirst sehen, wie schnell du dankbarer und zufriedener wirst, wenn du dir bewusst machst, was dir alles fehlen würde.

Kapitel 21

Gesundheit, Lebensfreude, Leichtigkeit – Die erstaunlichen Wirkungen des Lachens

Nachdem wir uns eingehend mit der mentalen Subtraktion und ihrer Wirkung beschäftigt haben, wollen wir uns nun einem weiteren Thema zuwenden, das ebenfalls eine enorme Bedeutung für unser Wohlbefinden und unsere Lebensfreude hat: das heilende Lachen.

Lachen ist nicht nur eine instinktive Ausdrucksform von Freude und Glück, sondern kann auch gezielt als Methode zur Stressreduktion, Stimmungsaufhellung und Förderung des Wohlbefindens eingesetzt werden. Ähnlich wie bei den Meditationstechniken können wir durch bewusstes Lachen und Lachübungen unsere Gesundheit, Kreativität und Resilienz stärken.

In diesem Kapitel werden wir uns daher eingehend damit beschäftigen, wie wir die Kraft des Lachens für uns entdecken und in unser tägliches Leben integrieren können. Denn gerade in herausfordernden Zeiten ist es wichtig, Quellen der Freude, des Humors und der Leichtigkeit zu finden, die uns Kraft und Inspiration geben. Lass uns also gemeinsam erforschen, wie Lachen, das von Herzen kommt, uns auf dem Weg zu einem glücklicheren und erfüllteren Leben begleiten kann.

Lachen ist eine der natürlichsten und unmittelbarsten Formen des menschlichen Ausdrucks von Freude, Verbundenheit und Lebensfreude. Studien zeigen, dass Kinder im Durchschnitt 300 bis 400 Mal pro Tag lachen, während Erwachsene meist nur etwa 15 bis 20 Mal täglich zu einem echten Lachen finden. Diese enorme Diskrepanz zeigt, wie sehr wir im Laufe unseres Lebens oft verlernen, die Leichtigkeit und Heiterkeit des Lachens in unseren Alltag zu integrieren.

Dabei ist Lachen weit mehr als nur ein flüchtiger Gesichtsausdruck – es ist ein komplexer physiologischer Vorgang, bei dem rund 300 Muskeln im gesamten Körper beteiligt sind, von denen allein 17 im Gesicht liegen. Sogar die Muskeln des Tränensacks werden beim Lachen aktiviert, was dazu führen kann, dass wir Tränen lachen.

Wenn wir lachen, aktivieren wir nicht nur die Lachmuskeln um die Augen und den Mund herum, sondern auch Muskeln im Zwerchfell, in der Bauchregion und selbst in den Beinen. Und man glaubt es kaum: Bei einem richtigen Lachanfall pressen die Bauchmuskeln die Luft mit einer Geschwindigkeit von 100 Stundenkilometern hinaus.

Dieser Muskelkomplex um die Bauchregion versetzt unseren ganzen Körper in Bewegung und Schwingung, was zu einer tiefen Entspannung und Erfrischung führt.

Was passiert beim Lachen im Gehirn?

Lachen über einen Witz ist ein komplexer Prozess im Gehirn. Zuerst wird der Witz über das Ohr ins Hörzentrum geleitet, dann ins Sprachverständnis-Zentrum, wo er analysiert wird. Anschließend wechselt die Information von der linken zur rechten Hirnhälfte. Dort wird überprüft, ob die Emotionen mit dem Inhalt übereinstimmen. Wenn sie nicht übereinstimmen, empfindet das Gehirn den Witz als lustig und signalisiert dem Körper, zu lachen.

Lachen hat zudem nachweisbare positive Auswirkungen auf unser Wohlbefinden: Es steigert die Ausschüttung von Glückshormonen, die unsere Stimmung aufhellen und uns ein Gefühl von Leichtigkeit und innerer Ruhe vermitteln. Gleichzeitig senkt es den Cortisolspiegel, der für Stress und Anspannung verantwortlich ist, und stärkt unser Immunsystem, indem es die Produktion von Abwehrzellen anregt. Auch unser Gehirn profitiert davon: Neurowissenschaftliche Studien zeigen, dass Lachen nicht nur die Aktivität in den Hirnregionen für Freude und Belohnung steigert, sondern auch Bereiche anregt, die für Kreativität, Problemlösung und soziale Interaktion zuständig sind. Somit fördert Lachen nicht nur unser seelisches, sondern auch unser geistiges Wohlbefinden.

Lachen vor dem Spiegel kann in der Tat eine wunderbare und effektive Übung sein, um die Lachmuskeln zu aktivieren und die Freude am Lachen wiederzuentdecken. Denn selbst wenn einem gerade nicht zum Lachen zumute ist, kann das Betrachten des eigenen lächelnden Gesichts im Spiegel den Körper dazu bringen, echte Lachreflexe auszulösen.

Durch dieses Spiegellachen wird ein Kreislauf der Freude in Gang gesetzt: Wenn wir unser lachendes Spiegelbild sehen, aktiviert das nicht nur die Gesichtsmuskeln, sondern sendet auch Signale an unser Gehirn, die die Ausschüttung von Glückshormonen anregen. Diese wiederum verstärken unser Gefühl von Wohlbefinden und Heiterkeit, was sich dann erneut in unserem Lächeln widerspiegelt.

Eine Studie, die 2022 in der Fachzeitschrift "*Nature Human Behaviour*" veröffentlicht wurde, bestätigt, dass selbst ein unechtes Lächeln dein Glücksempfinden steigert. Forscher haben in 19 Ländern auf sechs Kontinenten untersucht, wie mehr als 3.800 Teilnehmer ihre Gesichtsmuskeln betätigen. Die Ergebnisse zeigen, dass das Nachahmen glücklicher Gesichtsausdrücke tatsächlich Glücksgefühle auslöst. Die Wissenschaftler empfehlen, jeden Morgen einfach fünf Sekunden lang in den Spiegel zu lächeln. Mit der Zeit kann das dazu führen, so die Forscher, dass du dich besser fühlst. Regelmäßiges Lachen vor dem Spiegel kann somit ein wirkungsvoller Weg sein, um das Lachen wieder in den Fokus zu rücken und es zu einer festen Gewohnheit werden zu lassen – ganz unabhängig von äußeren Umständen.

Lachen ist also nicht nur ein Ausdruck von Glück, sondern kann auch ein Weg sein, dieses Glück in uns selbst zu kultivieren und zu verankern. Indem wir die Kraft des Lachens bewusst in unseren Alltag integrieren, können wir unsere Gesundheit, unser Wohlbefinden und unsere Beziehungen zu anderen nachhaltig stärken.

Lach-Übung:

Eine Lach-Übung aus dem Lach-Yoga, die dich über die motorische Ebene vom künstlichen Lachen zum echten Lachen bringt, geht folgendermaßen: Stelle dich vor den Spiegel, sieh dich an und beginne mit einem „Ha". Dann sage „ha…ha", anschließend sage „ha…ha…ha…" und immer so weiter. Du wirst sehen, dass du nach mehrmaliger Wiederholung lachen wirst. Außerdem entstehen durch die regelmäßige Praxis zunehmend Lebensfreude und Humor, während Stress abgebaut wird. Darüber hinaus kann Lachyoga in herausfordernden Lebensphasen helfen, eine positive Einstellung wiederzufinden.

Schlaf ist die Brücke zwischen dem, was war, und dem, was sein kann

Kapitel 22

Warum ein erholsamer Schlaf und eine sanfte Morgenroutine so wichtig sind

Ein erholsamer Schlaf ist einer der Schlüsselfaktoren für unser allgemeines Wohlbefinden und unsere Lebenszufriedenheit. Wenn wir nachts gut schlafen, starten wir am Morgen erfrischt und voller Energie in den Tag. Doch wie können wir sicherstellen, dass wir einen gesunden und regenerativen Schlaf genießen?

Zunächst ist es wichtig, unsere Schlafgewohnheiten zu überprüfen. Ein entscheidender Faktor ist, dass wir frühzeitig aufhören zu essen. Ein schwerer Magen kurz vor dem Schlafengehen kann den Schlaf beeinträchtigen. Stattdessen empfiehlt es sich, den Abend mit einer Tasse entspannenden Tee, ruhiger Musik oder einer kurzen Meditationsübung ausklingen zu lassen. Gerade in den 10 Minuten vor dem Einschlafen und den 10 Minuten nach dem Aufwachen entscheidet sich viel für unser Wohlbefinden.

Anstatt noch am Handy zu sitzen und hektisch Nachrichten oder Emails zu checken, sollten wir lieber das Smartphone beiseitelegen oder auf Flugmodus stellen und zur Ruhe kommen. Eine regelmäßige Meditationspraxis über 21 Tage hinweg kann dabei wahre Wunder bewirken. Sie hilft uns, den Kopf freizubekommen und in einen tiefen, erholsamen Schlaf zu fallen.

Außerdem ist eine gute Schlafqualität essenziell, um erholt und energiegeladen in den Tag zu starten. Es werden 7-9

Stunden Schlaf pro Nacht empfohlen.

Um die Schlafqualität zu verbessern, sind regelmäßige Schlafenszeiten, eine dunkle und kühle Schlafumgebung sowie der Verzicht auf Bildschirme vor dem Schlafengehen hilfreich.

Genauso wichtig wie der Schlaf selbst ist, wie wir in den Tag starten.

Das Aufwachen sollte möglichst sanft und natürlich erfolgen, ohne lauten Wecker oder grelles Licht. Ein Aufwachen in Ruhe, ohne direkt in Hektik zu verfallen, ermöglicht einen ruhigen Start in den Tag. Hilfreich sind morgendliche Dehnübungen oder leichte Bewegung, um den Körper zu aktivieren.

Eine strukturierte, aber individuelle Morgenroutine hilft, den Tag geordnet und fokussiert zu beginnen. Wichtig ist, dass die Routine zu den persönlichen Bedürfnissen und Gewohnheiten passt.

Aber es gibt noch andere Möglichkeiten, um den Tag nach dem Aufwachen optimal zu starten:

Bewegung an der frischen Luft

Ein kurzer Morgenspaziergang oder eine leichte Yoga-Einheit an der frischen Luft sorgt für Aktivierung des Körpers und Belebung des Geistes. Die Bewegung an der Natur hat eine besonders positive Wirkung.

Ernährung

Ein gesundes, leichtes Frühstück versorgt uns mit wertvollen Nährstoffen und Energie für den Start in den Tag. Dabei kann man z.B. auf ballaststoffreiche Lebensmittel wie

Vollkornprodukte, Obst und Gemüse setzen.

Planungsroutine
Bevor der Alltag richtig beginnt, nehmen wir uns 10-15 Minuten Zeit, um unseren Tagesablauf grob zu planen. So behalten wir den Überblick und fühlen uns strukturierter.

Wer auf diese Weise regelmäßig für einen gesunden Schlaf und einen gelungenen Morgen sorgt, der legt den Grundstein für mehr Wohlbefinden, innere Zufriedenheit und ein tieferes Glücksempfinden im Alltag. Gönnen wir uns also diese kleinen Momente der Achtsamkeit und Selbstfürsorge – sie sind ein Geschenk an uns selbst.

Glück beginnt im Kopf - ändere deine Gedanken, und du veränderst dein Leben

Kapitel 23

Selbstzweifel ade! – Wie die richtigen Glaubenssätze dein Leben verändern können

Zwei Brüder wuchsen in einer schwierigen Umgebung auf. Ihr Vater war gewalttätig und alkoholabhängig.

Der eine Bruder schlug ähnliche Wege ein wie der Vater – er verfiel ebenfalls dem Alkohol und hatte Schwierigkeiten, stabile Beziehungen aufzubauen.

Der andere Bruder entschied sich bewusst für einen anderen Weg. Er gründete eine Familie und wurde ein erfolgreicher Anwalt.

Wenn man die beiden Brüder fragte, wie sie zu diesen so unterschiedlichen Lebenswegen gekommen waren, gaben sie dieselbe Antwort: "Was sollte aus mir bei so einem Vater schon werden?"

Die Geschichte der beiden Brüder veranschaulicht eindrucksvoll, wie entscheidend unsere Glaubenssätze und inneren Überzeugungen für unseren Lebensweg sind. Obwohl die Brüder dieselben traumatischen Erfahrungen in ihrer Kindheit mit einem gewalttätigen und alkoholkranken Vater gemacht hatten, interpretierten sie diese Erlebnisse unterschiedlich und zogen daraus entgegengesetzte Schlüsse für ihr weiteres Leben. Der eine Bruder hatte tief in seinem Unterbewusstsein verankert, dass Gewalt und Sucht zum normalen Leben dazugehören. Er sah für sich selbst keine andere Möglichkeit, als dieses negative Muster zu wiederholen. Er interpretierte den Satz "Was sollte aus mir bei so einem Vater schon werden?" negativ und legte diesen so aus: „Mir wurde es in die Wiege gelegt zu scheitern".

Der andere Bruder hingegen entschied sich bewusst dafür, genau das Gegenteil seines Vaters zu werden. Sein Antrieb war es, das Leid, das er selbst erfahren hatte, in Positives zu wenden und seinen Kindern ein solches Schicksal zu ersparen. Er wollte beweisen, dass man den Kreislauf von Gewalt und Sucht durchbrechen kann. Ob er dies bewusst oder unbewusst gemacht spielt dabei keine Rolle.

Dieses Beispiel zeigt, wie entscheidend es ist, die eigenen Glaubenssätze kritisch zu hinterfragen und gegebenenfalls zu verändern. Denn unsere Überzeugungen formen nicht nur unser Selbstbild, sondern beeinflussen maßgeblich unsere Entscheidungen, Handlungen und somit letztendlich unseren gesamten Lebensweg.

Negative Glaubenssätze erkennen: Techniken zur Selbstreflektion

Unsere Glaubenssätze und inneren Überzeugungen üben einen enormen Einfluss auf unser Leben aus. Nicht selten wurzeln diese Überzeugungen in traumatischen Erlebnissen aus der Kindheit, wie das Beispiel der beiden Brüder so deutlich gemacht hat. Um den eigenen Lebensweg positiv zu gestalten, ist es daher essenziell, diese tiefsitzenden, oftmals unbewussten Glaubenssätze zu identifizieren – insbesondere, wenn sie destruktiv oder hinderlich sind.

Aber wie identifiziere ich falsche Glaubenssätze? Gibt es

Techniken, die helfen, falsche Glaubenssätze zu erkennen und sogar zu ändern? Ja, die gibt es! Fangen wir mit der Identifikation von Glaubenssätzen an.

Achtsamkeitsübungen wie die in Kapitel 4 behandelte Meditation erweisen sich hier als äußerst hilfreich. Sie schulen die Fähigkeit, die eigenen Gedanken und Gefühle zu beobachten, ohne sie sofort zu bewerten. So können verborgene Muster und Annahmen leichter an die Oberfläche kommen.

Auch eine genaue Selbstbeobachtung in bestimmten Situationen kann wertvolle Erkenntnisse liefern. Welche Gedanken, Emotionen und Verhaltensweisen tauchen auf? Lassen sich dahinter liegende Überzeugungen erkennen?

Eine weitere Technik ist das fragende Selbstgespräch. Fragen wie "Welche Ursachen könnten meine Gefühlen und Reaktionen haben – welche Annahmen liegen diesen zugrunde?" oder "Stimmen diese Überzeugungen tatsächlich?" können dabei helfen, unbewusste Glaubenssätze aufzuspüren.

Weitere Techniken, die dabei helfen können, negative Glaubenssätze zu identifizieren

Metaphernanalyse

Oft drücken wir unsere inneren Überzeugungen in Metaphern und Redewendungen aus. Wenn du zum Beispiel sagst "Ich trage eine schwere Last auf meinen Schultern" oder "Ich sehe aus wie eine Bohnenstange / ein Walross", kann das auf zugrunde liegende Glaubenssätze hinweisen.

Schreiben

Auch das „Journaling" – das Aufschreiben deiner Gedanken, Gefühle und Erlebnisse – kann ebenfalls dabei helfen, verborgene Überzeugungen zu entdecken. Das regelmäßige Schreiben kann sehr aufschlussreich sein, da wir beim Lesen der eigenen Texte oft wiederkehrende Themen und Schlüsselbegriffe entdecken, die auf zugrunde liegende Glaubenssätze hinweisen. Lies deine Texte dann genau durch, um mögliche Hinweise zu entdecken.

Rollenspiele

Indem du Situationen aus verschiedenen Perspektiven durchspielst, können neue Blickwinkel auf deine Glaubenssätze eröffnet werden. Frage dich etwa, wie ein guter Freund oder ein geliebter Mensch in deiner Lage denken und fühlen würde.

Visuelle Darstellung:

Versuche deine Glaubenssätze in Zeichnungen, Collagen oder Mindmaps auszudrücken. Oft kommen in kreativen Prozessen Dinge zum Vorschein, die im rationalen Denken verborgen bleiben.

Darüber hinaus können innere Dialoge, biografische Analysen und ehrliches Feedback von vertrauten Personen dabei unterstützen, dysfunktionale Grundüberzeugungen zu identifizieren. Je mehr Klarheit wir darüber gewinnen, desto eher können wir sie gezielt verändern und unser Leben positiv beeinflussen.

Wichtig ist, dein Denken, deine Redewendungen und deine Handlungen immer wieder zu hinterfragen. Die Selbsterforschung und Transformation von Glaubenssätzen ist ein lebenslanger Prozess. Doch er birgt enormes Potenzial, um aus belastenden Mustern auszubrechen und ein selbstbestimmteres, glücklicheres Dasein zu gestalten – so wie es dem Bruder gelungen ist, der den Kreislauf von Gewalt und Sucht durchbrechen konnte.

Je mehr Achtsamkeit, Offenheit und Kreativität du in diese Selbsterkundung investierst, desto tiefer kannst du in dein Inneres vordringen und belastende Überzeugungen identifizieren. Das ist der erste Schritt, um an ihrer Transformation zu arbeiten.

Negative Glaubenssätze ändern und Stärken identifizieren und nutzen

Ein wichtiger weiterer Schritt ist es, dir regelmäßig Zeit zur Selbstreflexion zu nehmen. Führe ein Erfolgs- oder Dankbarkeitstagebuch wie in Kapitel 3 beschrieben oder eine Liste, in der du deine Erfahrungen, Erfolge und Momente aufschreibst, in denen du dich besonders kompetent oder leistungsfähig gefühlt hast. Achte dabei auf wiederkehrende Themen, Fähigkeiten oder Verhaltensweisen, die dir leichtfallen. Das gibt dir wertvolle Hinweise auf deine Stärken.

Bitte auch Menschen aus deinem Umfeld um Feedback. Frage Freunde, Kollegen oder Familie, was sie an dir besonders schätzen und wo sie deine Stärken sehen.

Fremdbild und Selbstbild können sich manchmal unterscheiden, daher ist das Feedback anderer sehr wertvoll.

Nutze außerdem Testverfahren und Potenzialanalysen, um deine Fähigkeiten und Talente systematisch zu erfassen. Viele Unternehmen, Coaches oder Bildungseinrichtungen bieten solche Assessments an, mit denen du deine Stärken gezielt identifizieren kannst.

Sobald du deine Stärken erkannt hast, ist der nächste Schritt, diese gezielt einzusetzen und weiterzuentwickeln. Suche dir Tätigkeiten, Projekte oder Aufgaben, bei denen du deine Stärken einbringen und ausbauen kannst. Strebe Weiterbildungen an, um deine Fähigkeiten zu vertiefen. So kannst du deine Stärken immer effektiver nutzen.

Wichtig ist auch, deine Stärken wertzuschätzen. Erkenne an, was du gut kannst, und setze dir realistische Ziele, um dein Potenzial weiter zu entfalten. Mit dieser Einstellung kannst du deine Stärken optimal für deine persönliche und berufliche Entwicklung einsetzen.

Wir haben uns nun eingehend damit auseinandergesetzt, unsere eigenen negativen Glaubenssätze zu identifizieren und zu ändern sowie unsere Stärken zu erkennen und auszubauen. Diese Überzeugungen, die wir über uns selbst und andere entwickeln, prägen nicht nur unser eigenes Verhalten, sondern beeinflussen auch maßgeblich, wie wir auf unser Gegenüber reagieren.

Hier kommen die Mechanismen des *Pygmalion-Effekts* ins Spiel.

Wie die Erwartungen anderer unsere Leistungen beeinflussen – Das Experiment von Rosenthal und Jacobson

Das klassische Experiment von Rosenthal und Jacobson – auch als "*Pygmalion-Effekt*" bekannt – hat unsere Sichtweise darauf, wie Erwartungen und Überzeugungen das Verhalten und die Leistung von Menschen beeinflussen, entscheidend geprägt.

In ihrer Studie in den 1960er Jahren führten die Psychologen Robert Rosenthal und Lenore Jacobson ein Experiment in einer Grundschule durch. Zunächst testeten sie die Intelligenz aller Schüler mithilfe eines standardisierten IQ-Tests. Anschließend informierten sie die Lehrer, dass einige Kinder ein besonders hohes Potenzial zeigten und daher in Zukunft große Leistungsfortschritte erwarten ließen.

In Wirklichkeit handelte es sich bei diesen "Spitzenkindern" jedoch um eine zufällig per Los ausgewählte Gruppe von Schülern. Bei diesen Kindern sei im folgenden Schuljahr mit besonderen Leistungssteigerungen zu rechnen Nach einem Jahr testeten Rosenthal und Jacobson die Intelligenz der Kinder erneut. Das Ergebnis war verblüffend: Die vermeintlich "begabten" Schüler, von denen die Lehrer hohe Erwartungen hatten, erzielten tatsächlich signifikant bessere Testergebnisse als ihre Mitschüler.

Die Forscher konnten somit zeigen, dass allein die Erwartungshaltung der Lehrer zu einer Leistungssteigerung der Kinder führte. Obwohl die Schüler zu Beginn des Experiments zufällig ausgewählt worden waren, passten sie ihr

Verhalten und ihre Fähigkeiten im Laufe der Zeit den hohen Erwartungen ihrer Lehrer an. Dieser Mechanismus, bei dem Erwartungen das tatsächliche Verhalten und die Leistung beeinflussen, wurde später als "*Pygmalion-Effekt*" bezeichnet. Der Name entstammt der mythologischen Figur Pygmalion, der eine lebensgroße Statue einer idealen Frau erschuf und diese zum Leben erweckte.

Das Experiment von Rosenthal und Jacobson verdeutlicht eindrucksvoll, wie tiefgreifend unsere Überzeugungen und Erwartungen unser Denken und Handeln, aber auch das Verhalten anderer Menschen prägen können. Es sensibilisiert uns dafür, dass wir sehr bewusst mit unseren Annahmen und Erwartungen umgehen müssen, um positive Veränderungen zu bewirken.

Wie der *Pygmalion-Effekt* unser Denken und Handeln prägt

Wir wissen nun, dass der *Pygmalion-Effekt*, auch als *Self-fulfilling Prophecy* bezeichnet, ein psychologisches Phänomen ist, bei dem die Erwartungen und Überzeugungen einer Person das Verhalten und die Leistung einer anderen Person beeinflussen.

Hohe Erwartungen können sich positiv auswirken. Zum einen, wenn Lehrer ihre Schüler direkt ermutigen und ihnen zeigen, dass sie viel von ihnen erwarten. Das motiviert die Schüler oft dazu, diese Erwartungen auch zu erfüllen. Zum anderen erhalten Menschen, von denen man hohe Erwartungen hat, oft besondere Aufmerksamkeit und Unterstützung. Das kann ihre Leistung deutlich steigern.

Ein gutes Beispiel dafür sind Führungskräfte, die ihren Mitarbeitern großes Potenzial zutrauen. Sie investieren dann gezielt Zeit und Ressourcen, um diese Mitarbeiter gezielt zu fördern und weiterzuentwickeln.

Das Prinzip dahinter ist, dass Menschen sich häufig danach richten, was andere von ihnen erwarten. Wenn man ihnen also zutraut, etwas Besonderes zu leisten, spornt sie das oft an, diesen Erwartungen auch gerecht zu werden.

Natürlich ist es wichtig, die Erwartungen realistisch und erreichbar zu halten. Überzogene Erwartungen können auch demotivierend wirken. Aber insgesamt zeigt sich: Wer positiv an andere herantritt und ihnen etwas zutraut, kann dadurch oft schon viel bewirken.

Insgesamt zeigt der *Pygmalion-Effekt*, wie mächtig unsere Erwartungen und Überzeugungen in Bezug auf andere Menschen sein können. Indem wir diese Mechanismen verstehen und bewusst nutzen, können wir die Potenziale von Einzelpersonen, Teams und Organisationen effektiv fördern. Und das macht nicht nur andere glücklich, sondern auch uns selbst.

Im Zusammenhang mit eigenen Glaubenssätzen bedeutet das, dass deine Überzeugungen über dich selbst und deine Fähigkeiten ebenfalls einen starken Einfluss auf deine Leistung haben. Wenn du glaubst, dass du erfolgreich sein kannst, bist du eher bereit, Herausforderungen anzunehmen und durchzuhalten. Umgekehrt können negative Glaubenssätze, wie „Ich bin nicht gut genug", dein Potenzial einschränken und das Erreichen deiner Ziele behindern.

Indem du deine eigenen Glaubenssätze positiv formulierst

(Kapitel 10) und anpasst (zum Beispiel: „Ich bin gut, so wie ich bin"), kannst du den *Pygmalion-Effekt* für dich nutzen. Wenn du an deine Fähigkeiten glaubst und dir selbst hohe Erwartungen setzt, kannst du erfolgreicher sein und deine Ziele leichter erreichen.

Kapitel 24

Selbstverwirklichung durch Eigeninitiative – Wer proaktiv ist, gewinnt an innerer Stärke

Nachdem du im letzten Kapitel gelernt hast, wie du deine Glaubenssätze hinterfragen und durch positive Glaubenssätze ersetzen kannst, bist du nun bereit, den nächsten Schritt auf deinem Weg zur Selbstverwirklichung zu gehen. Denn erst wenn du an deine eigenen Fähigkeiten glaubst, kannst du sie auch voll und ganz einsetzen.

Proaktiv zu sein bedeutet, selbstständig und eigenverantwortlich zu handeln, anstatt nur auf äußere Umstände zu reagieren. Es geht darum, die Initiative zu ergreifen, Dinge aktiv anzugehen und die Kontrolle über dein eigenes Leben zu übernehmen. Statt passiv abzuwarten, was kommt, gestaltest du deine Zukunft aktiv mit.

In diesem Kapitel wirst du sehen, wie du durch eigenständiges, vorausschauendes Handeln deine Ziele Schritt für Schritt verwirklichen kannst. Du erfährst, wie du mit kleinen, regelmäßigen Belohnungen deine Motivation aufrechterhalten und dich selbst auf deinem Weg bestärken kannst. Lass dich inspirieren und lerne, wie du stark wirst und selbst die Initiative ergreifst.

Ein proaktives Beispiel:
Die Geschichte von Dr. Ignaz Semmelweis

Im 19. Jahrhundert lebte ein ungarischer Arzt namens Dr. Ignaz Semmelweis. Er arbeitete im *Wiener Allgemeinen Krankenhaus*, wo er sich mit der hohen Sterblichkeitsrate von Müttern nach der Geburt auseinandersetzte. Viele Frauen starben an Kindbettfieber, einer Infektion, die damals weit verbreitet war.

Semmelweis war nicht nur ein Arzt, sondern auch ein Forscher. Er beobachtete, dass die Sterblichkeit in der Abteilung, die von Ärzten betreut wurde, viel höher war als in der Abteilung für Hebammen. Während die Hebammen nach der Geburt stets auf Hygiene achteten, waren die Ärzte oft nach Obduktionen in die Entbindungsstation gekommen, ohne sich die Hände zu waschen. Dr. Semmelweis hatte eine Idee. Er forderte seine Kollegen auf, sich vor dem Umgang mit den Frauen die Hände zu desinfizieren. „Es könnte an den Keimen liegen, die wir übertragen", erklärte er. Doch seine Vorschläge stießen auf Widerstand. Viele Ärzte waren skeptisch und hielten seine Idee für absurd. Trotz der Widerstände ließ sich Semmelweis nicht entmutigen. Er führte rigoros die Händehygiene ein und dokumentierte die Ergebnisse. Die Sterblichkeitsrate sank dramatisch – von über 10 % auf weniger als 1 %. Dies war ein klarer Beweis dafür, dass seine proaktive Herangehensweise funktionierte. Doch anstatt Anerkennung erhielt er Spott. Viele seiner Kollegen konnten nicht akzeptieren, dass ihre eigenen Praktiken gefährlich waren. Semmelweis wurde frustriert, aber er gab nicht auf. Er veröffentlichte seine Ergebnisse, um andere Ärzte zu überzeugen, und sprach auf Konferenzen über seine Entdeckungen.

Leider wurde Semmelweis nie die Anerkennung zuteil, die er verdiente. Er starb 1865, weitgehend unverstanden und ignoriert. Jahre später, nachdem seine Ideen von anderen Medizinern aufgegriffen wurden, erkannte die Welt endlich die Bedeutung seiner Arbeit. Heute gilt Ignaz Semmelweis als Pionier der Hygiene in der Medizin. Seine Studie aus den Jahren 1847/48 wird heute als der erste praktische Fall evidenzbasierter Medizin in Österreich angesehen. Sie gilt als Musterbeispiel für eine methodisch korrekte Überprüfung wissenschaftlicher Hypothesen, die auf empirischen Belegen beruht.

Seine Geschichte zeigt, wie wichtig Proaktivität ist – selbst wenn man auf Widerstand stößt. Semmelweis' Beharrlichkeit rettete unzählige Leben und veränderte die medizinische Praxis für immer.

Ein reaktives Beispiel: Die Geschichte von Peter und seinem Restaurant

Peter war ein leidenschaftlicher Koch, der seinen Traum hatte, ein eigenes Restaurant zu eröffnen. Er arbeitete in einem kleinen Bistro und beobachtete täglich, wie seine Kollegen neue Gerichte kreierten und mit Gästen experimentierten. „Das sieht großartig aus", dachte Peter oft, „aber ich könnte das nicht selbst."

Anstatt aktiv zu werden und seine Ideen auszuprobieren, ließ sich Peter von seinen Ängsten leiten. Er hörte ständig auf die Meinungen anderer und glaubte, dass er nicht gut genug sei, um seinen Traum zu verwirklichen. Wenn Freunde ihn ermutigten, zu kochen oder ein eigenes Restaurant zu eröffnen, winkte er ab und sagte: „Das ist nichts für mich."

Eines Tages kam ein neuer Koch ins Bistro, der voller Energie und Ideen war. Er stellte neue Gerichte vor, die schnell beliebt wurden. Peter beobachtete, wie der neue Koch Anerkennung erhielt und Freunde und Gäste ihn lobten. Statt sich inspirieren zu lassen, fühlte Peter sich noch unsicherer und zog sich weiter zurück.

Ein Jahr verging, und Peter blieb immer noch im selben Job, unzufrieden und frustriert. Währenddessen eröffnete der neue Koch sein eigenes Restaurant und wurde zum lokalen Star. Peter dachte: „Das hätte ich auch tun können." Doch die Angst vor dem Versagen hielt ihn gefangen.

Eines Abends saß Peter allein zu Hause und schaute eine Kochsendung im Fernsehen. Die Köche dort waren leidenschaftlich und kreativ. „Warum kann ich das nicht auch tun?", fragte er sich. Doch wieder war da die Stimme der Zweifel: „Was, wenn es schiefgeht?"

Schließlich erkannte Peter, dass er sich selbst im Weg stand. Er beschloss, endlich proaktiv zu handeln. Er begann, Rezepte auszuprobieren, veranstaltete kleine Dinnerpartys für Freunde und sammelte Feedback. Seine Leidenschaft kam zurück, und er begann, an sich selbst zu glauben.

Nach mehreren Monaten harter Arbeit und Selbstvertrauen wagte Peter den Schritt und eröffnete sein eigenes Restaurant. Diesmal war er bereit, Risiken einzugehen und seine Ideen zu verwirklichen. Seine kreative Küche fand schnell Anklang und wurde in der Stadt bekannt.

Peter lernte, dass reaktive Menschen oft zurückbleiben, wenn sie sich von äußeren Einflüssen leiten lassen. Hätte er früher an sich geglaubt und proaktiv gehandelt, wäre er vielleicht schon viel früher erfolgreich gewesen. Doch nun wusste er, dass es nie zu spät ist, die Kontrolle über sein Leben zu übernehmen und seine Träume zu verfolgen.

Proaktive Menschen entscheiden, wie sie reagieren

Als Mensch bist du selbst für dein Leben verantwortlich. Dein Verhalten und Handeln resultieren aus deinen eigenen Entscheidungen, nicht aus den äußeren Umständen. Du ordnest deine Gefühle deinen eigenen Werten unter und besitzt die Fähigkeit und den Antrieb, dein Leben aktiv zu gestalten.

Im Gegensatz dazu werden reaktive Menschen von äußeren Faktoren, Bedingungen, ihrer Umwelt und Stimmungen getrieben. Wenn das Wetter gut ist, fühlen sie sich gut. Wenn es schlecht ist, dann fühlen sie sich auch schlecht.

Du als proaktiver Mensch trägst dein "eigenes Wetter" in dir. Es ist dir egal, wie das Wetter gerade ist – wenn du etwas tun möchtest, weil das deinen Werten entspricht, dann tust du das – unabhängig vom Wetter.

Reaktive Menschen lassen sich dagegen stark von ihrer sozialen Umgebung beeinflussen. Wenn andere sie gut behandeln, geht es ihnen gut. Wenn andere sie schlecht behandeln, geht es ihnen schlecht.

Wichtig ist, dass du Folgendes verinnerlichst:
Du als proaktiver Mensch baust dein soziales Leben *nicht*

auf dem Verhalten anderer auf, sondern lässt dich von deinen sorgfältig gewählten Werten und Überzeugungen leiten. Natürlich wirst auch du von äußeren Reizen beeinflusst, aber *du* entscheidest *selbst*, wie du darauf reagierst. Du lässt nicht zu, dass andere deinen Selbstwert antasten! Du allein entscheidest, ob du dich von anderen verletzen lässt oder nicht. Letztlich liegt es an *dir*, wie du auf Dinge reagierst. Das ist deine Freiheit als Mensch. Du bist *nicht* den Umständen ausgeliefert, sondern hast die Kontrolle über deine Reaktionen.

Indem du diese proaktive Haltung entwickelst und umsetzt, gewinnst du Souveränität und Selbstbestimmung über dein Leben. Das stärkt dein Selbstvertrauen und deine Resilienz enorm.

Wenn du proaktiv bist, hast du das Gefühl, dein Leben selbst in der Hand zu haben. Du empfindest mehr Kontrolle und Selbstwirksamkeit (das ist die Fähigkeit, an sich selbst und den eigenen Erfolg zu glauben sowie jede noch so schwierige Situation meistern zu können). Und das wiederum steigert dein Selbstvertrauen und deine Motivation, weitere Ziele anzugehen. Zudem erreichst du durch dein eigenständiges Handeln oft bessere Ergebnisse, was wiederum zu einem Gefühl der Zufriedenheit und Erfüllung führt.

Beispiele für dein proaktives Verhalten könnten so aussehen: Du hast den Wunsch, dich beruflich weiterzuentwickeln. Statt nur auf Jobangebote zu warten, erkundest du selbstständig Weiterbildungsmöglichkeiten und bewirbst dich aktiv auf Positionen, die dich interessieren. Oder du möchtest deine Fitness verbessern. Anstatt zu warten, bis du dazu "in Stimmung" kommst, legst du einen festen Trainingsplan fest und setzt ihn diszipliniert um.

Proaktive Menschen strahlen meist Selbstvertrauen und Entschlossenheit aus. Sie werden als engagiert, zielstrebig und verantwortungsvoll wahrgenommen. Das kann andere inspirieren und motivieren, selbst aktiv zu werden. Außerdem werden proaktive Personen häufiger für herausfordernde Aufgaben oder Führungsrollen in Betracht gezogen.

Du tust dich schwer, proaktiv zu werden?

Wenn du ein Mensch mit geringem Selbstwertgefühl bist, kann es schwierig sein, proaktiv zu werden, da du vielleicht Angst vor dem Scheitern hast.

Hier sind einige Lösungsansätze für dich:
Starte mit kleinen Schritten, die dich aus deiner Komfortzone bringen, anstatt dir gleich überfordernde Ziele zu setzen. So sammelst du erste Erfolgserlebnisse, die dein Selbstvertrauen stärken. Sprich offen über deine Ängste und Zweifel und lass dich von vertrauensvollen Menschen ermutigen. Konzentriere dich auf deine Stärken, anstatt dich auf deine vermeintlichen Schwächen zu fokussieren. Teile große Ziele in überschaubare Teilschritte ein, damit du dich weniger überfordert fühlst. Und hole dir Unterstützung von Experten, Coaches oder vertrauensvollen Personen, deren neutraler Blick sehr wertvoll sein kann.

Mit der richtigen Herangehensweise kannst auch du proaktiv werden. Kleine, aber kontinuierliche Fortschritte stärken nicht nur dein Selbstbewusstsein, sondern machen dich auch auf Dauer glücklich und zufrieden.

Hier sind noch ein paar Beispiele für kleine, umsetzbare Schritte, die dabei helfen können, proaktiver zu werden:

○ Jeden Tag eine Sache erledigen, die du normalerweise aufschiebst. Fang klein an, z.B. indem du einen unangenehmen Anruf tätigst oder eine E-Mail schreibst, die du schon länger vor dir hergeschoben hast.

○ Versuche, jeden Tag etwas Neues auszuprobieren, auch wenn es dir zunächst unangenehm erscheint. Das könnte ein neues Gericht kochen, eine neue Strecke zum Arbeitsplatz fahren oder ein neues Hobby wie Joggen sein.

○ Sprich deine Wünsche und Ziele offen an – sei es bei deinem Chef, deiner Familie oder Freunden. Oft sind andere durchaus bereit, dich dabei zu unterstützen, wenn du sie darum bittest.

○ Überlege dir, was dich persönlich motiviert und was du gerne tust. Baue solche Aktivitäten regelmäßig in deinen Alltag ein, damit du Energie und Antrieb tankst.

o   Schreibe dir kleinere To-do-Listen, die du Schritt
    für Schritt abarbeiten kannst. Das vermittelt dir
    ein Gefühl von Kontrolle und sorgt für Erfolgs-
    erlebnisse.

o   Belohne dich, wenn du etwas geschafft hast —
    auch wenn es nur eine Kleinigkeit war.

Die Idee ist, mit kleinen, überschaubaren Dingen anzufan-
gen und darauf aufzubauen. Schritt für Schritt wirst du so
mutiger und proaktiver in deinem Alltag.

So identifizierst und reduzierst du deine Ängste

Um deine Denkweise effektiv zu verändern und deine
Ängste zu reduzieren, kannst du zunächst versuchen, deine
angstauslösenden Gedanken zu identifizieren. Mache dir
bewusst, welche negativen und besorgniserregenden Gedanken immer wieder bei dir auftauchen, und schreibe sie
auf, um sie greifbarer zu machen.
Als nächstes ist es wichtig, diese Gedanken kritisch zu hinterfragen. Frage dich, ob deine Befürchtungen realistisch
und begründet sind, und suche nach Gegenbeweisen, die
deine negativen Annahmen widerlegen.
Beispiel: Anstatt passiv auf eine mögliche Ablehnung deiner Bewerbung zu warten, informierst du dich proaktiv
über das Unternehmen und den Bewerbungsprozess. Du
bereitest dich sorgfältig auf mögliche Fragen und Herausforderungen vor, um deine Chancen zu erhöhen.

Anschließend kannst du versuchen, die negativen Gedanken durch positive, konstruktive Alternativgedanken zu ersetzen. Konzentriere dich darauf, was du kontrollieren und beeinflussen kannst, anstatt dich in Zukunftsängste zu vertiefen.

Beispiel: Statt dich in Sorgen um den bevorstehenden Umzug zu verstricken, nimmst du die Situation als Chance wahr, dein Leben neu zu organisieren. Du planst proaktiv, wie du deine neuen Räumlichkeiten möglichst effizient und ansprechend gestalten kannst, um dich dort schnell wohlzufühlen.

Auch die Perspektive deiner Ängste kann eine wichtige Rolle spielen. Frage dich, wie wahrscheinlich deine schlimmsten Befürchtungen tatsächlich eintreten, und erwäge, was das Schlimmste wäre, wenn sie einträten – und überlege, was du dann tun könntest.

Beispiel: Obwohl du dir Sorgen um eine mögliche Ablehnung deiner Gehaltserhöhung machst, überlegst du dir proaktiv, wie wahrscheinlich diese Befürchtung tatsächlich eintritt. Du sammelst Argumente, die deine Leistung und Bedeutung für das Unternehmen belegen, und besprichst dein Anliegen selbstbewusst mit deinem Vorgesetzten.

Nicht zuletzt ist es wichtig, dich für deine Fortschritte zu belohnen. Erkenne jeden noch so kleinen Schritt in die richtige Richtung an und ermutige dich selbst. Sei nachsichtig mit dir, wenn du Rückschläge hast, und vertraue darauf, dass sich deine Ängste mit der Zeit reduzieren werden.

Beispiel: Deine Angst vor öffentlichen Auftritten hat dich lange daran gehindert, dich für eine Präsentation zu melden. Nun hast du dich endlich überwunden und die Präsentation erfolgreich gehalten. Als Belohnung gönnst du dir einen entspannenden Abend in deinem Lieblingsrestaurant. Du erkennst an, dass du einen wichtigen Schritt in die richtige Richtung gemacht hast.

Mit konsequenter Übung und Geduld kannst du deine Denkweise nachhaltig verändern und so deine Ängste erfolgreich angehen und überwinden. Wenn du dann – wie zuvor beschrieben – proaktiv wirst, wirst du sukzessiv an Selbstvertrauen gewinnen, was wiederum dazu führt, dass du zufriedener und glücklicher wirst.

Und wenn du erst einmal verstanden hast, dass du der Gestalter deines Schicksals bist, wird sich deine Perspektive auf viele Dinge verändern. Anstatt dich ständig zu fragen, was wohl passieren könnte, wirst du dich darauf konzentrieren, wie du Situationen zum Besseren wenden kannst. Statt dich in Ausreden zu flüchten, lernst du, aktiv Lösungen zu finden. Deine Energie wird nicht mehr durch Grübeln und Zweifel gebunden, sondern kann in den Aufbau einer glücklichen Zukunft fließen. Ergreife also die Chance, dein Leben selbst in die Hand zu nehmen. Übernimm die Verantwortung dafür, wie deine Geschichte weitergeht. Lass dich nicht länger von Ängsten und Zweifeln lähmen, sondern werde zum Architekten deines Glücks. Schritt für Schritt wirst du spüren, wie sich deine Sichtweise klärt und dein Selbstvertrauen wächst. Denn nur wenn du die Kontrolle über dein Denken und Handeln übernimmst, kannst du das erreichen, was du dir wünschst.

Freiheit beginnt dort, wo du Verantwortung für dein
eigenes Leben übernimmst

Kapitel 25

Schluss mit Ausreden – Lerne, Verantwortung für dich selbst zu übernehmen

Wie du bereits erkannt hast, ist es von entscheidender Bedeutung, die Verantwortung für dein Denken und Handeln selbst zu übernehmen, wenn du glücklich sein möchtest.

Viel zu oft suchen Menschen die Ursachen für ihre Probleme und Unzufriedenheit nicht bei sich selbst, sondern außerhalb. Doch wahre Lebensfreude entsteht nur dann, wenn man die Kontrolle über das eigene Leben übernimmt und zum Meister des eigenen Willens wird. Wenn du anderen die Schuld für deine Situation gibst, entziehst du dir selbst die Macht, daran etwas zu ändern. Denn sobald du die Verantwortung abgibst und andere für dein Leid verantwortlich machst, gibst du ihnen auch die Kontrolle über dein Leben. Willst du das wirklich? Du bist dann plötzlich ihren Entscheidungen, Handlungen oder sogar Launen ausgeliefert. Anstatt selbst die Zügel in die Hand zu nehmen, wartest du darauf, dass sich etwas an deiner Situation ändert – ohne selbst daran mitzuwirken. Damit überlässt du die Gestaltung deines Schicksals vollständig anderen.

Das ist jedoch der falsche Weg. Denn nur du selbst kannst die nötigen Schritte unternehmen, um deine Situation zu verbessern. Solange du anderen die Schuld gibst, bist du ihnen ausgeliefert. Deshalb ist es so wichtig, die Verantwortung für dein Leben selbst zu übernehmen. Lass dich nicht entmutigen, wenn etwas schiefgeht oder du auf Hindernisse stößt. Anstatt zu hadern und anderen die Schuld zu geben, konzentriere dich darauf, was du selbst an dieser Situation ändern kannst. Nur dann hast du die Macht, dein Leben in die von dir gewünschte Richtung zu lenken.

Hier einige Beispiele:

Beispiel 1: Du bist unzufrieden mit deinem Job, weil dein Chef ständig Druck auf dich ausübt und dir zu viel aufbürdet. Statt die Situation selbst anzugehen, beschwerst du dich ständig darüber, wie unfair dein Chef mit dir umgeht. Damit gibst du ihm die Macht, deine Stimmung und dein Wohlbefinden zu bestimmen.

Beispiel 2: Du bist frustriert, weil deine Beziehung nicht so läuft, wie du es dir wünschst. Anstatt selbst aktiv an der Verbesserung zu arbeiten, machst du deinem Partner ständig Vorwürfe und gibst ihm die Schuld für die Probleme. So überlässt du die Kontrolle über deine Beziehungsqualität deinem Partner.

Beispiel 3: Du hast Schwierigkeiten, deine Finanzen in Ordnung zu halten und begründest das mit den hohen Lebenshaltungskosten oder dem geringen Gehalt. Damit entziehst du dir selbst die Möglichkeit, durch eigenes umsichtiges Handeln an deiner finanziellen Situation etwas zu ändern.

In all diesen Fällen überträgst du die Verantwortung für deine Situation auf andere. Damit gibst du ihnen auch die

Kontrolle darüber, ob und wann sich etwas in deinem Leben verbessert. Richtig wäre aber, den Fokus darauf zu richten, was *du* selbst tun kannst, um deine Situation zu verbessern.

Wie übernehme ich Verantwortung?

Dieses Kapitel widmet sich genau dieser zentralen Frage: Wie übernimmst du die Verantwortung für dein Leben? Lass uns gemeinsam ergründen, welche Schritte dich zu diesem Ziel führen können.

In erster Linie bedeutet verantwortungsvoll zu sein, die Konsequenzen des eigenen Handelns anzuerkennen und bereit zu sein, dafür einzustehen. Statt ständig nach Ausreden zu suchen, lernt man, proaktiv Lösungen zu finden. Der Schlüssel liegt also darin, die Verantwortung für das eigene Wohlbefinden selbst in die Hand zu nehmen. Um dies zu erreichen, ist es wichtig, deinen Willen systematisch zu stärken. Der Wille ist wie ein Muskel – je mehr man ihn trainiert, desto leistungsfähiger wird er. Ein starker Wille hilft dabei, Ablenkungen und Versuchungen zu widerstehen, langfristige Ziele zu verfolgen und Rückschläge zu überwinden. Regelmäßige Meditation (Kapitel 4), Achtsamkeitsübungen und die Setzung konkreter Ziele sind nur einige der wirksamen Methoden, um den Willen zu trainieren. Aber es gibt noch andere Übungen.

Weitere Übungen, um den Willen zu trainieren

Willenskraft-Training
Wähle kleine, aber herausfordernde Ziele, an denen du täglich arbeiten kannst (z.B. 10 Liegestütze machen, jeden Tag eine Seite in einem Buch lesen). Belohne dich, wenn du dein Ziel erreicht hast, um die Motivation aufrechtzuerhalten. Steigere langsam den Schwierigkeitsgrad, um deinen Willen kontinuierlich zu fordern.

Selbstdisziplin-Challenges
Verzichte für eine bestimmte Zeit auf etwas, das dir normalerweise Freude bereitet (z.B. Social Media, Süßigkeiten). Überwinde die Verlockung und belohne dich anschließend für deine Disziplin.

Konzentrationsübungen
Übe, dich für längere Zeit auf eine Aufgabe zu fokussieren, ohne abgelenkt zu werden. Beginne mit 5-10 Minuten und steigere die Dauer nach und nach. Hilfreich sind dabei beispielsweise das Lesen anspruchsvoller Texte oder das Lösen komplexer Rätsel.

Körperliche Aktivität
Regelmäßige Bewegung, wie Joggen, Yoga oder Krafttraining, fördert nicht nur deine körperliche, sondern auch deine psychische Gesundheit. Bei der Ausübung musst du Durchhaltevermögen und Disziplin beweisen, was deinen Willen stärkt.

Auch der Umgang mit den eigenen Schwächen spielt eine entscheidende Rolle. Statt diese zu verdrängen oder zu ignorieren, ist es wichtig, sich ihnen aktiv zu stellen. Durch gezielte Übungen und die Entwicklung von Strategien können vermeintliche Schwächen in Stärken verwandelt werden.

Strategien, um vermeintliche Schwächen in Stärken umzuwandeln

Akzeptiere und verstehe deine Schwächen

Beginne damit, deine Schwächen offen und ehrlich anzuerkennen. Anstatt sie zu verdrängen oder zu ignorieren, versuche, die Ursachen und Auswirkungen deiner Schwächen zu verstehen. Frage dich, woher deine Schwächen kommen und wie sie sich auf dein Leben auswirken.

Beispiel: Wenn du Schwierigkeiten hast, rechtzeitig Termine einzuhalten, könnte die Ursache darin liegen, dass du Aufgaben häufig unterschätzt. Indem du das verstehst, kannst du gezielter an dieser Schwäche arbeiten.

Entwickle Kompensationsstrategien

Wenn du eine bestimmte Schwäche erkannt hast, suche nach Möglichkeiten, diese zu kompensieren. Überlege dir, welche Stärken du hast, die du einsetzen kannst, um die Schwäche auszugleichen.

Beispiel: Wenn du Probleme hast, komplexe Texte zu verstehen, könntest du stattdessen deine starke visuelle Auffassungsgabe nutzen und dir die Inhalte über Mindmaps oder Grafiken erschließen.

Verwandle Schwächen in Stärken

Manchmal können Schwächen sogar in Stärken umgewandelt werden. Analysiere deine Schwächen genau und überlege, wie du sie zu deinem Vorteil nutzen kannst.

Beispiel: Wenn du dazu neigst, dich in Details zu verlieren, könnte das auch eine Stärke sein – nämlich die Fähigkeit, Dinge sehr gründlich und sorgfältig anzugehen. Lerne, diesen Aspekt deiner Persönlichkeit bewusst einzusetzen, wenn es angebracht ist.

Spezialisiere dich auf deine Schwächen

Anstatt vor deinen Schwächen davonzulaufen, kannst du dich auch darauf spezialisieren. Konzentriere dich gezielt darauf, eine bestimmte Schwäche zu deiner Expertise auszubauen.

Beispiel: Wenn du Probleme mit öffentlichen Auftritten hast, könntest du dich darauf spezialisieren, Präsentationstechniken und Redegewandtheit zu trainieren. Dadurch verwandelst du deine Schwäche in eine Stärke.

Suche dir Unterstützung

Sei nicht zu stolz, um dir Hilfe von anderen zu holen. Identifiziere Personen in deinem Umfeld, die deine Schwächen ausgleichen können. Bitte sie um Unterstützung und lass dich von ihren Stärken profitieren.

Beispiel: Wenn du Probleme hast, dich zu organisieren, könnte eine strukturierte Kollegin dir wertvolle Tipps geben und dich dabei unterstützen, deinen Arbeitsalltag effizienter zu gestalten.

Nimm Herausforderungen an

Anstatt Situationen zu meiden, in denen deine Schwächen zutage treten, solltest du dich ihnen aktiv stellen. Suche dir bewusst Aufgaben und Tätigkeiten, die deine Schwächen fordern. So kannst du durch regelmäßiges Training daran arbeiten, sie in Stärken umzuwandeln.

Beispiel: Wenn du Schwierigkeiten hast, dich in Gruppendiskussionen einzubringen, könnte es hilfreich sein, an Workshops oder Seminaren teilzunehmen, um deine Kommunikationsfähigkeiten schrittweise zu verbessern.

Durch diese Strategien lernst du, deine Schwächen kreativ zu nutzen und schrittweise in Stärken umzuwandeln. Stelle dich deinen Herausforderungen – nur so entwickelst du dich persönlich weiter und entfaltest dein volles Potenzial. Schließlich geht es darum, die Kontrolle über das eigene Leben zu übernehmen und dieses nach deinen Wünschen zu gestalten. Denn wenn du Verantwortung übernimmst, deinen Willen stärkst und lernst, mit Schwächen umzugehen, dann kannst du die Voraussetzungen für ein glückliches Leben schaffen. Es erfordert Mut und Disziplin, doch die Belohnung ist ein Gefühl der Selbstbestimmung, des Stolzes und der inneren Zufriedenheit.

Vergebung ist ein Geschenk, das du nicht anderen, sondern dir selbst machst

Kapitel 26

Loslassen und Vergeben – Der Weg zu innerem Frieden

Innerer Frieden – das klingt für viele wie ein unerreichbares Ziel, das in einem fernen Land liegt. Oft stehst du dir selbst im Weg, festgefahren in alten Groll, verletzenden Erinnerungen und ungelösten Konflikten. Doch was wäre, wenn der Schlüssel zu diesem Frieden in deinen eigenen Händen liegt? Loslassen und Vergeben sind die Geheimzutaten, um mehr Glück und Zufriedenheit in dein Leben zu bringen. Vergebung ist ein kraftvolles Mittel, das nicht nur Wunden heilen, sondern auch zerbrochene Beziehungen reparieren kann. Sie befreit uns von der Last der Wut und Bitterkeit. Indem wir vergeben, ermöglichen wir uns selbst, voranzukommen und inneren Frieden zu finden. Ein bemerkenswertes Beispiel dafür ist Nelson Mandela.

Nelson Mandelas Weg

Nelson Mandela wurde am 18. Juli 1918 in einem kleinen südafrikanischen Dorf geboren und hatte von Anfang an eine klare Vorstellung von Gerechtigkeit. Schon als junger Mann kämpfte er gegen die Apartheid, das brutale rassistische System, das die Rechte der schwarzen Bevölkerung unterdrückte. Er wusste, dass der Weg zur Freiheit steinig sein würde, aber er war bereit, alles zu geben. Nach seiner Festnahme 1963 verbrachte Mandela 27 Jahre im Gefängnis. Diese Zeit war hart, aber anstatt in Wut und Verzweiflung zu versinken, nutzte Mandela die Gelegenheit, über seine Werte und Ziele nachzudenken. Er stellte fest, dass Rache und Groll ihn nur weiter gefangen hielten. In seiner Zelle begann er zu erkennen, dass Vergebung der Schlüssel zu einem friedlichen und gerechteren Südafrika war.

Der Prozess des Loslassens

Als Mandela 1990 aus dem Gefängnis entlassen wurde, stand er vor einer enormen Herausforderung: Er musste nicht nur seine eigenen Wunden heilen, sondern auch die seines Landes. Statt sich auf die Fehler und Vergehen der Vergangenheit zu konzentrieren, rief er zur Versöhnung auf. Er wollte, dass die Menschen über ihre Unterschiede hinwegsahen und zusammenarbeiteten, um eine bessere Zukunft zu schaffen. Eines seiner berühmtesten Zitate lautete: *„Als ich das Gefängnis verließ, wusste ich: Wenn ich diese Menschen weiter hasse, dann bleibe ich im Gefängnis. "*

Glücksempfinden durch Vergebung

Mandela zeigte, dass der Prozess des Loslassens nicht nur für ihn selbst, sondern auch für die gesamte Nation wichtig war. Seine Fähigkeit, alten Groll hinter sich zu lassen, ermöglichte es ihm, ein erfülltes Leben zu führen, selbst nach all den Schmerzen, die er erlebt hatte. Er fand Frieden, indem er verstand, dass Vergebung eine starke und befreiende Entscheidung ist.

Loslassen und Vergeben sind keine einfachen Aufgaben, aber sie sind entscheidend, um inneren Frieden und Glück zu finden. Nelson Mandelas Lebensgeschichte zeigt dir, dass es nie zu spät ist, Vergebung zu praktizieren und die Vergangenheit hinter sich zu lassen. Wenn du lernst, loszulassen und zu vergeben, schaffst du Raum für Freude, Zufriedenheit und ein erfülltes Leben – nicht nur für dich selbst, sondern auch für die Menschen um dich herum.

Das *Stanford Forgiveness Project*

Die Studie „*Effects of Group Forgiveness Intervention on Perceived Stress, State and Trait Anger*" untersuchte die Auswirkungen einer Gruppenintervention zur Vergebung auf Stress und Wut. An dieser randomisierten Untersuchung nahmen 259 Erwachsene teil, die in sechs Sitzungen ein kognitives Vergebungsprogramm durchliefen. Die Intervention basierte auf Techniken wie kognitiver Disputation, Achtsamkeitsmeditation und geführter Imagination.

Die Ergebnisse der Studie zeigten mehrere signifikante Effekte. Zunächst berichteten die Teilnehmer der Interventionsgruppe von einem deutlichen Rückgang des wahrgenommenen Stresses, sowohl unmittelbar nach der Intervention als auch bei der Nachuntersuchung vier Monate später. Diese Reduktion des Stresses war statistisch signifikant und deutet darauf hin, dass das Programm wirksam war.

Darüber hinaus wurde eine signifikante Abnahme sowohl der momentanen als auch der langfristigen Wut bei den Teilnehmern festgestellt. Die Intervention führte dazu, dass die Teilnehmer weniger wütend auf ihre spezifischen Konflikte reagierten, was auf einen positiven Einfluss auf ihre emotionalen Reaktionen hinweist.

Zusätzlich zu den emotionalen Aspekten berichteten die Teilnehmer auch von weniger körperlichen Symptomen, die mit Stress verbunden sind. Dies zeigt, dass die Intervention nicht nur psychologische, sondern auch physiologische Vorteile mit sich brachte.

Ein weiterer wichtiger Befund war die erhöhte Vergebungsbereitschaft der Teilnehmer. Nach der Intervention fühlten sich die Teilnehmer sicherer in ihrer Fähigkeit zu vergeben und waren eher bereit, in anderen Situationen ebenfalls Vergebung zu praktizieren.

Insgesamt legt die Studie nahe, dass Vergebungsinterventionen eine effektive Methode darstellen, um Stress und Wut zu verringern und das allgemeine Wohlbefinden der Teilnehmer zu fördern.

Praktische Wege zum Loslassen und Vergeben

Hier sind einige praktische Wege, wie du selbst lernen kannst, loszulassen und zu vergeben:

Kognitive Umstrukturierung

Ein wichtiger Ansatz ist die kognitive Umstrukturierung. Dabei geht es darum, deine negativen Gedanken über die verletzende Situation zu hinterfragen und sie durch positivere, konstruktivere Gedanken zu ersetzen. Diese Perspektivwechsel können dir helfen, die Situation in einem anderen Licht zu sehen.

Aufgaben:

Beantworte folgende Fragen: „Was lerne ich aus dieser Erfahrung?" oder „Wie könnte ich diese Situation einem Freund erklären?"

Übung: Schreibe eine Liste von negativen Gedanken über die Situation und formuliere sie in positive, konstruktive Aussagen um (z.B. anstatt zu denken „Ich kann das nicht", könnte man sagen „Ich werde es versuchen und mein Bestes geben.").

Dankbarkeit praktizieren (s.a. Kapitel 3)

Die Praxis der Dankbarkeit kann ebenfalls nützlich sein. Führe ein Dankbarkeitstagebuch, in dem du jeden Tag drei Dinge aufschreibst, für die du dankbar bist. Dies lenkt deinen Fokus auf das Positive in deinem Leben und kann helfen, negative Gefühle zu relativieren.

Aufgaben:

Beantworte folgende Fragen: „Für welche drei Dinge bin ich heute dankbar?" und „Wie haben diese positiven Aspekte mein Leben bereichert?"

Übung: Führe ein Dankbarkeitstagebuch, in dem du jeden Abend drei bis fünf Dinge/Erlebnisse notierst, für die du dankbar bist.

Visualisierung (s.a. Kapitel 11)

Nutze auch die Kraft der Visualisierung. Stelle dir vor, wie es sich anfühlen würde, wenn du die Last des Grolls loslassen würdest. Visualisiere, wie du in Harmonie mit dir selbst und anderen lebst.

Aufgaben:

Beantworte folgende Fragen: „Wie stelle ich mir mein Leben vor, wenn ich alles Negative loslassen könnte?" und „Was würde ich tun, wenn ich in Frieden und in Harmonie mit mir selbst und anderen lebe?"

Übung: Setze dich in einer ruhigen Umgebung hin und visualisiere, wie du Groll loslässt und Frieden findest. Stelle dir lebhaft vor, wie dein Leben ohne diese Last aussieht.

Diese mentalen Übungen können dir helfen, den emotionalen Zustand des Vergebens zu verinnerlichen.

Selbstfürsorge

Ein weiterer wertvoller Tipp ist die Selbstfürsorge. Kümmere dich um dein physisches, psychisches und emotionales Wohlbefinden. Sport, gesunde Ernährung und ausreichend Schlaf können deine Resilienz stärken und es dir leichter machen, mit schwierigen Emotionen umzugehen.

Aufgaben:

Beantworte folgende Fragen: „Was kann ich heute für mein physisches, psychisches und emotionales Wohlbefinden tun?" und „Wie fühle ich mich nach einer körperlichen Aktivität oder während einer Entspannungsphase?"

Übung:

Plane wöchentliche „Selbstfürsorge-Aktivitäten",

wie z. B. Sport, gesunde Mahlzeiten oder Entspannungstechniken, und halte fest, wie sie sich auf dein Wohlbefinden auswirken.

Soziale Unterstützung

Schließlich kann die Suche nach sozialer Unterstützung entscheidend sein. Sprich mit Freunden oder Familienmitgliedern über deine Gefühle. Oft kann das Teilen deiner Erfahrungen und das Erhalten von Perspektiven von außen den Druck verringern und dir helfen, loszulassen.

Aufgaben:

Beantworte folgende Fragen: „Mit wem kann ich über meine Emotionen sprechen?" und „Wie fühle ich mich nach einem Gespräch über meine Erfahrungen und Erlebnisse?"

Übung:

Vereinbare regelmäßige Treffen oder Telefonate mit Freunden oder Familienmitgliedern, um offen über deine Gefühle und Erfahrungen zu sprechen.

Reflexion

Nimm dir Zeit, um über deine eigenen Verletzungen nachzudenken. Was hält dich zurück? Wer oder was hat dich verletzt? Manchmal hilft es, diese Gedanken aufzuschreiben. Es kann befreiend sein, die eigenen Gefühle zu benennen.

Aufgaben:

Beantworte folgende Fragen: „Was hält mich wirklich zurück, was behindert mich?" und „Wer oder was hat mich verletzt, und warum fühle ich mich so?"

Übung:

Nimm dir Zeit, um deine Gedanken und Gefühle in einem Journal zu reflektieren. Benenne die Verletzungen und analysiere, wie sie dich beeinflussen.

Gespräche führen

Suche den Dialog mit Menschen, die dich verletzt haben.

Oft entstehen Missverständnisse aus unausgesprochenen Worten. Ein offenes Gespräch kann helfen, die Dinge ins rechte Licht zu rücken.

Aufgaben:

Beantworte folgende Fragen: „Mit wem könnte ich ein offenes Gespräch führen?" und „Welche Missverständnisse könnten durch ein Gespräch geklärt werden?"

Übung:

Wähle eine Person, mit der du einen Konflikt hast, und plane ein offenes, ehrliches Gespräch, um Missverständnisse auszuräumen.

Achtsamkeit und Meditation (s.a. Kapitel 4)

Praktiken wie Achtsamkeit oder Meditation können dir helfen, den Geist zu beruhigen und Raum für Vergebung zu schaffen. Wenn du lernst, im Moment zu leben, kannst du alte Lasten leichter ablegen.

Aufgaben:

Beantworte folgende Fragen: „Wie fühle ich mich in diesem Moment?" und „Was kann ich tun, um meine Gedanken zur Ruhe zu bringen?"

Übung:

Praktiziere täglich 10 Minuten Achtsamkeitsmeditationen, indem du dich auf deinen Atem konzentrierst und Gedanken loslässt.

Positive Affirmationen (s.a. Kapitel 11)

Sage dir selbst, dass es in Ordnung ist, zu vergeben. Sätze wie „Ich lasse los, was mich belastet" können dir helfen, den Prozess zu unterstützen.

Aufgaben:

Beantworte folgende Fragen: „Was kann ich mir selbst sagen, um den Prozess der Vergebung zu unterstützen?" und „Wie fühle ich mich, wenn ich positive Affirmationen wiederhole?"

Übung:

Entwickle eine Liste persönlicher Affirmationen zur Vergebung und sprich sie täglich laut oder schreibe sie auf.

Neue Perspektiven einnehmen

Ein weiterer hilfreicher Trick ist die Entwicklung von Empathie beziehungsweise die Perspektive des anderen einzunehmen. Versuche, dich in die Lage der Person zu versetzen, die dir wehgetan hat. Überlege, welche Umstände oder Emotionen ihr Verhalten beeinflusst haben könnten.

Aufgaben:

Beantworte folgende Fragen: „Warum könnte die andere Person so gehandelt haben?" und „Welche Gründe könnte sie dafür gehabt haben?"

Übung:

Schreibe eine kurze Geschichte aus der Perspektive der Person, die dir wehgetan hat, und versuche, ihre Beweggründe und Gefühle nachzuvollziehen.

Der Weg zum Loslassen und Vergeben ist eine Reise, die oft mit Herausforderungen verbunden ist, aber er öffnet die Tür zu innerem Frieden und emotionaler Freiheit. Durch die Anwendung der genannten Methoden kannst du aktiv an deiner Fähigkeit arbeiten, Groll hinter dir zu lassen und Mitgefühl zu entwickeln. Die kognitive Umstrukturierung hilft dir, negative Gedanken zu transformieren, während die Entwicklung von Empathie dir ermöglicht, die Sichtweise anderer zu verstehen. Praktiken wie Dankbarkeit und Visualisierung fördern eine positive Einstellung, während Achtsamkeit und Selbstfürsorge dein emotionales Wohlbefinden stärken. Der Austausch mit Freunden und das Führen offener Gespräche schaffen Raum für Heilung und Verständnis. Indem du diese Übungen in deinen Alltag integrierst, schaffst du nicht nur mehr Glück für dich selbst, sondern auch für die Menschen um dich herum. Vergebung ist kein einmaliges Ereignis, sondern ein fortlaufender Prozess, der dir die Möglichkeit gibt, dein Leben aktiv zu gestalten und die Schönheit des gegenwärtigen Moments zu erkennen. Lass die Vergangenheit los und öffne dich für eine Zukunft voller Frieden und Zufriedenheit.

Kapitel 27

Stelle dir vor, dass dieser Tag dein letzter wäre – So lernst du, Prioritäten zu setzen

Oft verfallen wir in einen Alltagstrott und vergessen darüber, die schönen Momente wahrzunehmen. Aber was wäre, wenn heute tatsächlich dein letzter Tag wäre? Wie würdest du ihn verbringen? Diese Frage kann dir dabei helfen, deine Prioritäten zu überdenken und jeden Tag bewusster zu genießen.

Stelle dir also vor, du hättest nur noch 24 Stunden zu leben. Welche Menschen würdest du noch einmal treffen wollen? Vielleicht gibt es ja Dinge, die du schon immer tun wolltest, aber bisher aufgeschoben hast. Wärst du versöhnlich zu deinen Mitmenschen und würdest Altes zu Ende bringen? Diese Gedanken mögen zunächst unangenehm erscheinen, doch die Realität ist, dass niemand von uns weiß, wann unsere Zeit gekommen ist. Deshalb ist es wichtig, jeden Tag so zu leben, als wäre er unser letzter.

Um das in die Tat umzusetzen, kannst du folgende Übungen und Strategien ausprobieren:

Überdenke deine Prioritäten
Mache dir bewusst, was dir wirklich wichtig ist im Leben. Konzentriere dich darauf und lass los, was unwichtig ist.

Sei präsent im Moment

Versuche, weniger an die Zukunft zu denken und sei stattdessen ganz bei dir im Hier und Jetzt. Nimm dir Zeit, die Dinge um dich herum bewusst wahrzunehmen.

Zeige den Menschen, die dir wichtig sind, wie viel sie dir bedeuten

Verbringe so oft wie möglich qualitativ hochwertige Zeit deinen Lieben.

Genieße jeden Tag

Achte darauf, die kleinen Freuden des Alltags wertzuschätzen – ob es ein gutes Essen, ein entspannender Spaziergang oder ein interessantes Gespräch ist.

Wenn du diese Schritte umsetzt, wird dir bewusst, wie kostbar jeder einzelne Tag ist. Du lernst, dich von Zwängen und Ablenkungen nicht mehr aus der Ruhe bringen zu lassen. Stattdessen entwickelst du eine tiefe Dankbarkeit für das, was du hast, und eine Gelassenheit im Umgang mit dem Unvorhersehbaren. Letztendlich geht es darum, jeden Tag als Geschenk zu betrachten und ihn so zu leben, als wäre er dein letzter. Denn auch wenn wir nie genau wissen, wann unser letzter Tag gekommen ist – wir können jeden Tag aufs Neue zu etwas Besonderem machen.

Was hältst du von diesem Ansatz? Wo siehst du bei dir selbst Verbesserungspotenzial, um jeden Tag bewusster und genussvoller zu gestalten? Überlege dir, wie du diese Strategie konkret in deinen Alltag integrieren kannst.

Wie integriere ich diese Strategie in meinen Alltag?

Um die Strategie, jeden Tag wie deinen letzten zu leben, konkret in deinen Alltag zu integrieren, gibt es viele Möglichkeiten. Beginne deinen Tag bewusst, indem du dir beispielsweise 10-15 Minuten für eine kurze Meditation (Kapitel 4) oder Atemübung (Kapitel 14) nimmst. Setze dir Intentionen für den Tag und überlege, was dir heute wichtig ist. Vermeide es dann, ständig auf dein Smartphone zu schauen oder dich von E-Mails und Nachrichten ablenken zu lassen – schalte öfter "Flugmodus" ein und sei ganz präsent in den Dingen, die dich umgeben. Gestalte auch deine Pausen bewusst, indem du beispielsweise für 20 Minuten an die frische Luft gehst, die Sonne auf deiner Haut spürst und tief durchatmest. Widme dich regelmäßig deinen Hobbys und Leidenschaften – konzentriere dich voll und ganz darauf und lass andere Gedanken los. Verbringe zudem qualitativ hochwertige Zeit mit deinen Lieben, indem du dir abends oder am Wochenende bewusst Zeit für sie nimmst, ihnen aufmerksam zuhörst und über wirklich wichtige Dinge sprichst. Führe auch ein Dankbarkeitstagebuch (Kapitel 3), in dem du jeden Tag notierst, wofür du dankbar bist – sowohl für Großes als auch für kleine Alltagsfreuden. Frage dich immer wieder "Was würde ich tun, wenn dieser Tag mein letzter wäre?", um deine Prioritäten zu überprüfen und Unwichtiges loszulassen. Probiere am besten einige dieser Anregungen aus und schaue, was dir am meisten hilft, jeden Tag bewusster und genussvoller zu gestalten. Entscheidend ist, dass du dir regelmäßig Zeit nimmst, in dich hineinzuhorchen, was dir wichtig ist, und präsent zu sein.

Konzentriere dich bewusst auf das Wesentliche. Nutze jeden Tag als einzigartige Gelegenheit, dein Leben in vollen Zügen zu genießen. Nimm dir regelmäßig Zeit für dich und die Dinge, die dir wichtig sind. Lerne, die kleinen Momente des Glücks und der Zufriedenheit wertzuschätzen. Auch wenn nicht jeder Tag perfekt ist, kehre immer wieder zu deinen Prioritäten zurück. Mit der Zeit wirst du immer besser darin, aus deinem Alltag das Beste zu machen, ihn nach deinen Vorstellungen zu gestalten. Letztlich geht es darum, jeden Tag als ein Geschenk zu sehen und ihn so zu leben, dass du abends erfüllt zur Ruhe kommen kannst.

Schlusswort

Du hast nun wertvolle Erkenntnisse gewonnen, die dein Leben in vielerlei Hinsicht bereichern können. Und du hast gelernt, dass du selbst die Macht hast, deine Zukunft aktiv mitzugestalten und in die von dir gewünschte Richtung zu lenken. Mit den richtigen Werkzeugen und einer positiven Einstellung kannst du eine echte und dauerhafte Veränderung bewirken.

Ich selbst habe es geschafft, mich aus einem tiefen Tal herauszuholen. Heute denke ich wieder positiv, bin motiviert und meine Kinder sind mittlerweile erwachsen und – wie mir scheint – ebenso glücklich. Ich habe sämtliche Herausforderungen angenommen, Hürden überwunden und alles Negative hinter mir gelassen. Doch das alles liegt nun weit zurück - nicht nur im zeitlichen Kontext, sondern auch gedanklich. Ich wende übrigens heute noch - obwohl ich glücklich und zufrieden bin - einen Großteil dieser Strategien an. Sie gehören mittlerweile zu meiner täglichen Routine, die ich nicht mehr missen möchte.

Und was mir gelungen ist, das kann auch dir gelingen!

Dabei ist es entscheidend, deinen Blick bewusst auf das Positive zu richten, Dankbarkeit in deinen Alltag zu integrieren und an deinem Selbstvertrauen zu arbeiten. Nur so kannst du die Fülle an Möglichkeiten, die dir offenstehen, voll ausschöpfen und deinen Träumen Stück für Stück näherkommen. Lass dich von den Erfolgsgeschichten anderer inspirieren und vertraue darauf, dass auch du in der Lage bist, dein Potenzial voll zu entfalten. Denn eines ist sicher:

Wenn du die hier vorgestellten Werkzeuge und Strategien nutzt, wird sich dein Leben nachhaltig verändern.

Also zögere nicht länger und beginne noch heute damit, dein Glück selbst in die Hand zu nehmen.

ENDE

Wir kommt die Gans ins Adlernest?
Vom Mut, sein Leben zu verändern,
um Großes zu erreichen

Ich bin einzigartig
Achtsame Affirmationen für besondere Kinder

Ich kann alles schaffen
Achtsame Affirmationen für Kinder

Ferdinand sucht das Glück
Warum das Glück oft näher ist, als wir glauben